VARLIK VERGİSİ

Fenomenolojik Bir Yaklaşım

Dr. Özer Özçelik Öner Gümüş

EKİN
Basım Yayın Dağıtım

2018

Sertifika No: 0607-16-008681

ISBN: 978-605-327-738-5

Sayfa Düzeni / Kapak Tasarımı: Aslı AYRANCI

Baskı ve Cilt:

Sonçağ Yayıncılık

Matbaacılık Reklam

San Tic. Ltd. Şti.

İstanbul Cad. İstanbul Çarşısı

48/48 İskitler - Ankara

Tel.: (0312) 341 36 67

Sertifika No: 25931

Baskı Tarihi: Eylül 2018

EKİN Basım Yayın Dağıtım

Şehreküstü Mah. Cumhuriyet Cad.

Durak Sk. No: 2 Osmangazi / BURSA

Tel .: (0.224) 220 16 72 - 223 04 37

Fax.: (0.224) 223 41 12

e-mail: info@ekinyayinevi.com

www.ekinyayinevi.com

ÖNSÖZ

Varlık vergisi 1942 yılında uygulanıp, 1943 yılında yürürlükten kaldırılmasına rağmen, hala tartışılagelen bir konudur. Böyle bir konunun incelenme gerekliliği su götürmez bir gerçektir. Zira söz konusu vergi hakkında hala olumlu ve olumsuz düşünenlerin ileri sürdüğü argümanlar birer tartışma konusu niteliğindedir. Biz de böyle bir tartışma konusunun felsefi bir alanda incelenmesini ve böylece literatüre farklı bir katkıda bulunmayı amaçladık. Çünkü varlık vergisinin uygulanması ve yarattığı etkiler bakımından haklı ve haksız tarafları vardır. Son kertede, söz konusu verginin dönemin koşulları gereğince alınmasının bir zorunluluk olarak ortaya çıkması da bu çalışmanın ana fikrini oluşturmaktadır. Özer Özçelik'in danışmanlığında Öner Gümüş tarafından yazılan "Varlık Vergisi'nin Fenomenolojisi" isimli yüksek lisans tezinin türetilmesinden ortaya çıkan bu çalışmanın, siz okuyuculara faydalı olması dileğiyle...

Dr. Özer ÖZÇELİK
ozer.ozcelik@dpu.edu.tr
Kütahya Dumlupınar Üniversitesi
İktisat Bölümü Öğretim Üyesi

Öner GÜMÜŞ
oner.gumus@dpu.edu.tr
Kütahya Dumlupınar Üniversitesi
Maliye Bölümü Öğretim Elemanı

İÇİNDEKİLER

ÜÇÜNCÜ BÖLÜM
GENEL DEĞERLENDİRME: VARLIK VERGİSİ'NİN FENOMENOLOJİSİ

ŞEKİL LİSTESİ

TABLO LİSTESİ

GİRİŞ

Fenomen kelimesi algılanan ya da bilince görünen gözlemlenebilir olay veya olgular veya algının nesnesi olarak tanımlanırken, fenomenoloji de Edmund Husserl tarafından kurulan bilincin çok çeşitli şekilleri ile estetik, ahlaki, dini her türlü doğrudan deneyimi analiz eden bir bilim olarak tanımlanmıştır[1]. Fenomenlerin bilinçle ilişki kurması ve bilinç tarafından işlenmeleri hususunda söz konusu ilişkinin nasıl kurulduğu ve hangi yolları ve süreçleri takip ettiği sorusunun cevabı fenomenoloji tarafından yanıtlanmaktadır[2]. Fenomenolojide ise transsendental indirgeme (yapılan bir işlemi ifade etme) ve bununla birlikte kullanıldığında ön yargıdan kaçınmayı sağlayacak epokhe kullanılır[3]. Bir diğer deyişle fenomenoloji gerçeğin doğasını betimlemekten ziyade gerçekliği araştırma konusunda bir yöntem ortaya koyar[4]. Bu bağlamda ilk bölümde fenomenolojinin teorik temellerinden bahsedilmiştir.

İnsan kendi öz varlığını sadece toplumda gerçekleştirebilir ve bu nedenden ötürü de bütün gerçekliğini de başkalarıyla

---

1 Ahmet Özalp ve Recep Ergen, *Husserl'in Fenomenolojisinde Sembolik Etkileşimciliğin Kökenleri ve Din,* İnsan ve Toplum Bilimleri Araştırmaları Dergisi, Cilt: 6, Sayı: 1, s. 206.

2 Hasan Acar, (2014), *Fenomenolojik Yaklaşım Bağlamında Ortak Bilgi Stokları, Tipleştirme ve Ortak Kabuller Yoluyla PKK Terör Örgütünden Ayrılan Kadınlar Üzerine Bir İnceleme,* Yüksek Lisans Tezi, Kara Harp Okulu Savunma Bilimleri Enstitüsü Güvenlik Bilimleri Ana Bilim Dalı, Ankara: s. 33.

3 Fahrettin Taşkın, (2013), *Varoluşçuluğun Fenomenolojiyle Temellendirilmesi Üzerine,* Yüksek Lisans Tezi, Hacettepe Üniversitesi Sosyal Bilimler Enstitüsü Felsefe Anabilim Dalı, Ankara: s. 6-7.

4 Muharrem Yıldız ve Mehmet Mekin Meçin, (2012), Din Fenomenolojisi ve Belli Başlı Ölçüleri, *EKEV Akademi Dergisi,* Yıl: 16, Sayı: 53, s. 257.

birlikte kazanır ki bu öz nitelik ahlak, toplum, siyaset, iletişim, eğitim, empati, kültü ve tarih gibi birçok tartışma ve sorunsallaşmayı beraberinde getirmektedir[5]. Kamu hizmetleri için gereken finansmanın sağlanması ve çeşitli ekonomik ve sosyal amaçların gerçekleştirilmesinde kullanılan ve baskın otorite tarafından kamu gücüne dayalı olarak alınan pay vergi olarak adlandırılır[6]. Verginin parasal bir değer[7] olduğu gerçeğine rağmen, verginin en eski ve en yaygın ödeme şekli genel olarak zorunlu çalışma idi[8] İşte varlık vergisine ilişkin tartışmaların da bu bağlamda ele alınması gerekir. Dolayısıyla ikinci bölümde de varlık vergisi kanunu ve varlık vergisine ilişkin görüşler ele alınmıştır.

Varlık vergisiyle ilgili tartışmalar içinde çok zıt unsurlar barındırmaktadır. Bu zıt unsurların ise kendi içinde haklı ve haksız tarafları bulunmaktadır. Nitekim uygulanması ve yarattığı sonuçlar ile varlık vergisi bir haksızlık gibi görünürken, görünen arkasındaki görünmeyen sebeplere bakıldığında varlık vergisinin alınmasının gerekli olduğu sonucuna ulaşılabilir. Bu bağlamda üçüncü bölüm varlık vergisine ilişkin genel bir değerlendirmeyi kapsamaktadır ki bu genel değerlendirme fenomenoloji kapsamında yapılarak görünür unsurların arkasındaki görünmeyen unsurlara değinilerek gerçekleştirilmiştir.

---

5 Kurtul Gülenç, (2014), Edmund Husserl'de "Başkasının Beni" Sorunu ve İntersubjektivite Kavramı, *Kilikya Felsefe Dergisi,* Yıl: 2014, Sayı: 1, s. 20.

6 Fatih Saraçoğlu ve Elif Pürsünlerli Çakar, (2016), *Vergi Hukuku,* Gazi Kitabevi, Ankara: s. 2.

7 Fatih Saraçoğlu, (2018), *Kamu Alacaklarının Takip ve Tahsil Usulü ve Uygulaması,* Gazi Kitabevi, Ankara: s. 9.

8 Abdullah Burhan Bahçe, (2017), *Vergi Tarihinin Kökenleri: Sümer'den Eski Mısır'a, Yunan'dan Roma'ya Antik Çağda Vergilendirme Kabiliyeti ve Etkinliği,* Gazi Kitabevi, Ankara: s. 7.

BİRİNCİ BÖLÜM

TEORİK KAPSAMDA FENOMENOLOJİ

1.1. FENOMENOLOJİ: BİR BAŞLANGIÇ NOKTASI

Fenomenlerin ilmi fenomenoloji olarak adlandırılır[9]. Bir felsefi sistem olarak görülmemesi gereken fenomenoloji kavramı varlığın içinde yer alan gizli özün bilgisine ulaşmaya çalışan bir metottur[10]. Nesnelere ilişkin fenomenolojik kavramlar var olanın varlığını, anlamını, değişkenlerini ve kökenlerini ortaya koymayı amaçlar[11]. Bu bağlamda fenomenolojinin iki tür görevi olduğu ileri sürülebilir[12]:

- Keşfedilmemiş olanın üstündeki örtüyü açmak
- Unutulması sağlanan hususun üstünü açmak

---

[9] Takiyettin Mengüşoğlu, (1945), Fenomenoloji Felsefesi, *İstanbul Üniversitesi Felsefe Arkivi Dergisi*, Cilt:1, Sayı:1, s.49.

[10] Hayriye Erbaş, (1992), Sosyolojide Fenomenoloji, *Araştırma Ankara Üniversitesi Dil ve Tarih-Coğrafya Fakültesi Felsefe Bölümü Dergisi*, Cilt: 14, Sayı:0, s.160.

[11] Calvin O. Schrag, (2006), Heidegger Felsefesinde Fenomenoloji, Varlıkbilim ve Tarih, Serdar Ş. (Çev.) *Çağdaş Türkiye Tarihi Araştırmaları Dergisi*, Cilt: V, Sayı: 13, s. 208.

[12] A. Kadir Çüçen, (2006), Heidegger ve Felsefe, *Felsefe ve Sosyal Bilimler Dergisi*, Cilt: 2006 Bahar, Sayı: 1, s.16.

Bu yönüyle fenomenoloji olayları hem betimlemekte hem de yorumlamakta yön gösterme görevi üstlenmiş olmaktadır[13]. Bir diğer ifadeyle fenomenolojiyi bir olayın tasviri ve açıklanmasında gerçekleri ortaya çıkarabilen bir yöntem olarak benimsemek doğru bir yaklaşım olarak kabul edilebilir.

Geniş anlamda fenomenlerin bilimi olarak tanımlanabilecek fenomenoloji, dar anlamıyla duygusal, estetik, ahlaki veya dini olan her türlü deneyimin analizi ve betimlenmesi olarak da ifade edilebilir[14]. Nitekim Heidegger'in varlık felsefesi, Theodor Lipps'in estetiği, Nikolai Hartman'ın etiği, Sartre'ın varoluşçu felsefesi ile Max Scheler'in felsefe antropolojisi ve değer estetiği fenomenolojinin yirminci yüzyılda ne kadar yaygın bir şekilde kullanıldığını göstermektedir ve bu noktadan hareketle sosyoloji ve psikoloji gibi diğer alanları da etkisi altına almıştır[15]. Diğer bir deyişle fenomenoloji felsefe, mantık ve psikolojinin temelinde doğrudan doğruya, diğer bilimlerde ise dolaylı olarak yer alır[16]. Dolayısıyla matematik diğer bilimlerde nasıl rol oynuyorsa fenomenoloji de diğer bilimlerin özü açısından aynı rolü oynamaktadır[17].

Fenomenolojinin incelemekte olduğu konu nesnelerin özü olup, duyular ve algılar dünyası fenomenolojinin dışında kal-

---

13 *Ibid,* s.16.

14 Abdülkadir Çekin, (2012), Din Eğitiminde Fenomenolojik Yaklaşım, *Journal of Religious Culture,* Cilt: 2012, Sayı: 166, s. 3.

15 Mesut Keskin, (t.y.), Husserl'in Fenomenolojisine Giriş, s. 4., http://felsefet.home.uludag.edu.tr/kaygi/dergieski01/02.pdf (02.11.2017).

16 Ülker Öktem, (2005), "Fenomenoloji ve Edmund Husserl'de Apaçıklık (Evidenz) Problemi", *Ankara Üniversitesi Dil ve Tarih-Coğrafya Fakültesi Dergisi,* Cilt: 45, Sayı: 1, s. 28.

17 *Ibid,* s.29.

maktadır[18]. Örneğin bir kişi önünde duran masayı bulunduğu mekanda yer kaplamasından, renginden, sertliğinden ve benzeri duyusal özelliklerinden ayırdığı takdirde geriye masanın ideası; yani özü kalır ki bu öz fenomendir ve fenomenolojinin temel araştırma alanı da bu özdür[19].

Fenomenolojinin türleri ise şunlardır[20]:

- **Transsendental Kurucu Fenomenoloji:** Doğal dünyamızla alakalı soruları bir yana bırakarak nesnelerin saf veya transsendental bilinçte nasıl oluşturulduklarını inceler.
- **Naturalist Kurucu Fenomenoloji:** Bilincin doğanın bir parçası olduğu doğal tutum varsayımı altında bilincin doğanın dünyasında varlıkları nasıl ele aldığını veya oluşturduğunu inceler.
- **Varoluşçu Fenomenoloji:** Belirgin durumlarda eylemlerimizin veya özgür tercihlerimizin deneyimlerini kapsayan belirgin insan varoluşunu inceler.
- **Üretken Tarihçi Fenomenoloji:** Deneyimlerimizde bulunduğu şekliyle, anlamın zamanla kolektif deneyimin tarihsel süreçlerde nasıl oluşturulduğunu inceler.
- **Türeyimsel Fenomenoloji:** Bir kişinin kendi deneyimleri içindeki varlıkların anlamlarının özlerini inceler.
- **Yoruma Dayalı Fenomenoloji:** Kendimizin ve diğerlerinin bulunduğu kendi insani dünyamızdaki varlıklarla nasıl ilişkide bulunduğumuz ve onları nasıl anladığımıza ilişkin deneyimlerimizin yorumsal yapılarını inceler.

---

18 Ceyhun Konak, (2012), *Çağdaş Sanat Bağlamında Fenomenolojik Gerçekliğe Bakış*, Sanatta Yeterlilik Tezi, Mimar Sinan Güzel Sanatlar Üniversitesi Sosyal Bilimler Enstitüsü Heykel Anasanat Dalı Heykel Programı, s. 8.

19 *Ibid*, s.8.

20 https://plato.stanford.edu/entries/phenomenology/#Oth (04.11.2017).

- **Gerçekçi Fenomenoloji:** Yönelmişlik ve bilincin yapısını inceleyen bu fenomenoloji türü söz konusu hususu, bir şekilde bilinç tarafından ortaya çıkarılmayan ve bilincin oldukça dışında bulunan gerçek bir dünyada gerçekçi fenomenolojinin ortaya çıktığı varsayımı altında sağlamaktadır.

Bu noktadan hareketle fenomenoloji ile ilgili olarak şu çıkarımlarda bulunulması mümkündür:

- Fenomenoloji insanın saf bilincinde oluşturdukları nesneleri inceler.
- İnsan bilinci doğadan bağımsız düşünülemez ve bu sınır içerisinde varlıkları algılar. Fenomenoloji de bu mantıktan hareket eder.
- Eylem ve tercihler insanın varoluşundan gelir ve fenomenoloji de bu varoluşa odaklanır.
- Anlamlar tarihin süzgecinden geçerek şekillenir ve fenomenoloji de bu sürecin nasıl şekillendiğiyle ilgilenir.
- İnsanların yaşadığı deneyimler içinde yer alan varlıklar çeşitli anlamlar kazanırlar ve fenomenoloji de bu varlıkların özlerini irdeler.
- İnsanlar çeşitli varlıklarla ilişkide bulunur ve bu ilişkinin neticesinde çeşitli deneyimler elde edilir. Bu deneyimlere ilişkin algı ve anlayışa yönelik fenomenoloji çeşitli yorumlarda bulunur.
- Fenomenoloji bilincin oldukça dışında bulunan gerçek bir dünyada ortaya çıkar ki bu da fenomenolojinin gerçekçilikle yakından ilişkisi olduğunu ortaya koyar.

1.2. FENOMENOLOJİYE İLİŞKİN DÜŞÜNCELER

Fenomenoloji ile ilgili çeşitli fikirleri olan ve bilindik düşünürler Husserl, Heidegger, Sartre ve Merleau-Ponty'dir[21].

1.2.1. Edmund Husserl'in Fenomenolojisi

Fenomenolojinin kurucusu olarak kabul edilen Edmund Husserl, 8 Nisan 1859'da Mmoravya-Pssnitz'de doğdu ve 27 Nisan 1938'de Freiburg'da öldü[22]. Berlin ve Viyana'da matematik, fizik, astronomi ve felsefe eğitimi alan Husserl, 1883 yılından itibaren matematiksel çözümlemeler içeren çalışmalarıyla dikkat çekmiş ve 1901-1916 yılları arasında Göttingen Üniversitesi'nde matematik ve felsefe dersleri vermiş olup, Dilthey ve Scheler gibi zamanın en önemli düşünürleriyle de etkileşim halinde olmuştur[23].

Husserl'in fenomenolojisi sadece bilginin transsendental bir teorisi olmayıp, ayrıca bir belirgin transsendental sübjektivite bilimidir[24]. Bir diğer ifadeyle Husserl'in fenomenolojisi yalnızca bir epistemoloji değil, aynı zamanda saf bir egolojidir[25]. Bu fenomenoloji tarafsız bir yöntem ve metafizik sağlamak açısından doğa bilimlerinin savlarının bir eleştirisi olarak gerekçelendirilmiştir[26]. Husserl'e göre bilim kişisel bir şey olmayıp, teorik

---

21 *Ibid.*

22 http://www.felsefe.gen.tr/edmund_husserl_kimdir.asp (04.11.2017).

23 *Ibid.*

24 Richard Schacht,(1972), *Husserlian and Heideggerian Phenomenology*, Philosophical Studies: An International Journal for Philosophy in the Analytic Tradition, Vol: 23, No: 5, p.295.

25 *Ibid.*, p. 295.

26 Scott F. Aikin, (2006), *Pragmatism, Naturalism and Phenomenology*, Human Studies, Vol: 29, No: 3, pp. 323.

yeteneğe bağlıdır[27]. Husserl insanların karşılaştığı felaketlerin ne olduğunu anlamak için filozofların insanoğlunun vücudundan ruhuna doğru yönelmesi gerektiğini ifade etmiş ve açıkça da felsefenin natüralizmin üstesinden gelmesini; aksi takdirde felsefenin yaşam boyunca bir barbarlık ve nefret teşkil edeceğini açıkça belirtmiştir[28]. Bu bağlamda Husserl'in fenomenolojisinin görünenin değil, görünmeyenin peşinde olduğu sonucuna ulaşılabilir.

Husserl, transsendental fenomenolojinin kendi kendine daha yüksek bir düzeyde yapısal ve eleştirel bir incelemenin konusu olduğunu ortaya atmıştır ki bu durumun sebebi de yaratcılığın en yüksek derecesi adına yapılmaktadır[29]. Bu derece de transsendental fenomenolojinin kendini kökenine kadar yargılama yeteneğidir[30]. Dolayısıyla Husserl'in fenomenolojisinde metafiziksel bir durumla objektivitenin sağlanabileceği yanlış bir kanı olmayacaktır.

Husserl öğrenmeye meraklı bir bilinç için görünüş (fenomen) durumunu baz alarak dünyanın özelliklerini ele alacak bir yol olarak fenomenolojik yöntemi ortaya koymuştur[31]. Söz konusu fenomenolojik yöntem iki aşamada incelenebilir[32]:

- **Transsendental İndirgeme (Epokhe):** Bu aşamadaki amaç doğal bir tavır almanın engellenmesi ve genel savların

---

27 *Ibid.*, p. 324.
28 *Ibid.*
29 Eugene F. Bertoldi, (1977), *Phenomenology of Phenomenology,* Canadian Journal of Philosophy, Vol: 7, No: 2, p. 239.
30 *Ibid.*, p.239.
31 Hugh J. Silverman, (1980), *Phenomenology,* Social Research, Vol: 47, No: 4, p. 704.
32 Ibid., p. 704-705.

geçersiz bir hale getirilmesidir[33]. Bu yolla nesneler hakkında kabuller ve önbilgiler paranteze alınmaktadır[34].

- **Eidetik İndirgeme:** Sorgulanan nesnenin saf özünün ya da anlamının tanımlanmasına ilişkin aşamadır[35].

Husserl (2003) fenomenolojik bakışla ilgili yöntemi beş basamakta incelemiştir:

- **Birinci Basamak:** Fenomenoloji bir bilimi ve bilimsel disiplinlerin bağlantısını göstermekle birlikte aynı zamanda bir yöntemi ve düşünce biçimini göstermektedir ki bu özel bir felsefi yöntemdir[36].
- **İkinci Basamak:** Her bilgi türünde ve her bilimsel araştırmada bilimsel indirgeme yapılmalıdır ki bu durum her aşkınlığın parantez içine alınması veya dikkate alınmaması; bilgi kuramı açısından sıfır sayılmalı ve varsayılmak istenen veya istenmeyen aşkınlıklar analizin dışında bırakılmalıdır[37].
- **Üçüncü Basamak:** Temel hedef ilkesel formlar ve nesne durumlarını saptamak ve bu noktadan ortaya çıkan mantığın, etiğin ve değer felsefesinin kanunlarını ve kavramlarını gerçekleştirmek, değerlendirmek ve ulaşılan sonuçların kontrolünü sağlamaktır[38].
- **Dördüncü Basamak:** Fenomenolojik indirgeme yönteme esas olarak bilgi eleştirisi ve böylelikle akıl eleştirisine ait olmakla birlikte fenomenolojiye özgü felsefi bir yöntemdir[39].

---

33 Arslan Topakkaya, (2009), *E. Husserl'de Noema ve Noesis Kavramları,* Felsefe ve Sosyal Bilimler Dergisi, Cilt: 2009 Bahar, Sayı: 7, s. 124.

34 *Ibid.*, s. 124.

35 Silverman: *op cit.*, p. 705.

36 Edmund Husserl, (2003), *Fenomenoloji Üzerine Beş Ders,* Harun T. (çev.), Bilim ve Sanat Yayınları, Ankara: s. 51.

37 *Ibid.*, s. 66.

38 *Ibid.*, s. 77.

39 *Ibid.*, s.83.

- **Beşinci Basamak:** Bilgi en son anlamlandırılması gereken husus olup, bu sorun en sondaki normlar arasında çözülmesi gereklidir[40].

1.2.2. Martin Heidegger'in Fenomenolojisi

26 Eylül 1889'da Baden eyaletinde doğan Martin Heidegger, çocukluğundan itibaren din ve felsefe ağırlıklı bir eğitim almıştır[41]. 1923 yılında Marburg Üniversitesi'nde profesör olan Heidegger, 1933 yılında Nazilerin iktidara gelmesiyle Freiburg Üniversitesi'nde rektör olmuştur[42]. Nazilere katıldığı gerekçesiyle 1945 yılında üniversiteden uzaklaştırılan Heidegger, 1952 yılında yeniden üniversiteye dönmüştür[43]. Sonrasında yanlış yaptığı konusunda itirafta bulunmasına rağmen, Heidegger yine de eleştirilerden kurtulamamakla birlikte, Heidegger'in çalışmaları felsefe alanında değerini korumaya devam etmiştir[44].

Heidegger için fenomenolojinin anlamı tek başına fenomenolojistin bilincinde değil, ama şeylerin içinde yer alır[45]. Heidegger'e göre fenomenoloji gizlenen veya saklanan ve gösterilmeye ihtiyaç duyulan şeyleri ele alır[46]. Nihayetinde Heidegger'in fenomenolojiyi özde olan yaşanmış deneyimi araştırmak için gösterilen çabaya ilişkin olan bir yöntem olarak

---

40 *Ibid.*, s.99.

41 http://www.felsefe.gen.tr/martin_heidegger_kimdir.asp (04.11.2017).

42 *Ibid* .(04.11.2017).

43 *Ibid.* (04.11.2017).

44 *Ibid.* (04.11.2017).

45 Francis F. Seeburger, (1975), *Heidegger and Phenomenological Reduction,* Philosophy and Phenomenological Research, Vol: 36, No: 2, p. 221.

46 Tom Rockmore, (1996), *Heidegger and Representationalism,* History of Philosophy Quarterly, Vol: 13, No: 3, p. 369.

algılamıştır ve bu yöntem kendisine ait olan temel ontoloji projesi için seçmiş olduğu bir yöntemdir[47].

Heidegger'in fenomenolojisinde dört temel özellik tanımlanabilir[48]:

- **Anti-Rasyonalizm:** Heidegger felsefenin görevinin insan varoluşunun teorik odaklı düzeyini kavramak olduğuna inandığı için mantık, matematik ya da geometrinin felsefi düşünce için uygun modeller olduğu fikrini reddeder.
- **Bilinçten Dünyaya Doğru Değişim:** Husserl için fenomenolojik tanımlama dış dünyanın gerçekliğindeki inanışımızın geçici olarak ertelenmesine bağlıdır. Bu durum kesin olarak transsendental bilincin saf yapılarını çalışmayı olanaklı kılan bir epokedir. Öte yandan Heidegger için bu durum bir hatadır. Çünkü üzerinde yaşadığımız yerküredeki ilkel deneyimlerimiz bizim bilincimizin değil yaşadığımız dünyanın deneyimleridir.
- **Dünyayla Olan İlişkimizin Temel Yapılarının Bir Şekilde Saklı Olması Durumu:** Fenomenolojinin görevi söz konusu saklı yapıları bize net bir şekilde göstermesidir.
- **Varoluş Sorusunun Şekli Üzerine Ontolojiye Belirgin Bir Vurgu:** Heidegger insan varoluşunu varlığa ulaşmanın tek yolu olarak görmüş ve yaptığı işin fenomenolojik ontoloji olduğunu söylemiştir[49].

---

[47] Louiza Odysseos, (2002), *Radical Phenomenology, Ontology and International Political Theory,* Alternatives: Global, Local, Political, Vol: 27, No: 3, p. 377.

[48] Richard Sembera, (2008), *Rephrasing Heidegger,* University of Ottowa Press, Canada: p. 26-28.

[49] Haluk Aşar, (2014), *Heidegger ve Sartre Felsefesinde Kaygı ve Bulantı Kavramlarının Analizi,* Felsefe ve Sosyal Bilimler Dergisi, Cilt: 2014 Bahar, Sayı: 17, s. 86.

1.2.3. Jean Paul Sartre'ın Fenomenolojisi

Ünlü filozof ve yazar Jean Paul Sartre 1905 yılında Paris'te doğmuş, felsefe içerikli romanlarının yanında özgün varoluşçu felsefeyle kendine yer bulmuş ve varoluşçu marksizmi şekillendirmesiyle de 20. yüzyıla damgasını vurmuştur [50]. Siyasi etkinliklerle de ön plana çıkan Sartre 15 Nisan 1980 yılında doğduğu yer olan Paris'te ölmüştür[51].

İnsan ve insancının bilincinde olup bitenlerle ilgilenen Sartre, çalışmalarına fenomenolojik psikoloji ile başlamış olup, *"Ruhsal Yaşamda İmge: İşlevi ve Doğası"* isimli eserinde kendi fenomenolojik psikoloji çalışmalarının temelini oluşturmuş ve *"Egonun Aşkınlığı"* isimli eseriyle de kendi fenomenolojisini oluşturmuştur[52].

Sartre varlığı araştırırken çeşitli anlamlar kullanmıştır ve söz konusu kavramları kendisine bir yöntem olarak kullandığı fenomenolojiden elde etmiştir[53]. Sartre için fenomen kavramı varlığa ulaştıran ve onun ne olduğunu bulduran bir araç olup bu işleviyle kendini bilince açmış olur[54]. Sartre'da bilinç yönelimseldir ve fenomene doğru yönelerek doğrudan bir biçimde kendini açan varlığa ulaşır[55]. Bir diğer ifade ile Sartre yönelmiş-

---

50 http://www.felsefe.gen.tr/filozoflar/jean_paul_sartre_kimdir.asp (05.11.2017).

51 *Ibid.* (05.11.2017).

52 Esra Gülsüm Öztürk, (2016), *Jean Paul Sartre'ın Özgürlük Görüşü ve Yol Açtığı Antropolojik-Etik Sorunlar,* Doktora Tezi, Maltepe Üniversitesi Sosyal Bilimler Enstitüsü Felsefe Anabilim Dalı, İstanbul: s. 4.

53 Belma Yıldıztaş, (2010), *Jean Paul Sartre'da ve Albert Camus'da Özgürlük Kavramı,* Yüksek Lisans Tezi, Maltepe Üniversitesi Sosyal Bilimler Enstitüsü Felsefe Anabilim Dalı, İstanbul: s. 22.

54 *Ibid.*, s. 22.

55 *Ibid.*

liğin fenomenolojik kavrayışını bilincin ontolojik kavrayışına ulaşmak amacıyla kullanır[56].

"Bulantı" isimli eseri Sartre'ın kullandığı felsefenin bir özeti niteliğinde olup, söz konusu eserin temel konularından biri algının fenomenolojisidir ve bu eser yaşamı, evreni, insanı ve nesneleri çözümlemektedir[57]. Romanda nesneler dünyası ile bireylerin kendi dünyaları arasındaki tutarsızlıklar vurgulanmış, bireylerin bu tutarsızlığın farkında olmaksızın hayatlarını devam ettirmeleri konu alınmış ve romanın kahramanı Roquentin'in bu durumdan rahatsız olarak hayatını sorgulamaya başladığı romanın odak noktasını oluşturmuştur[58].

1.2.4. Maurice Merleau-Ponty'nin Fenomenolojisi

1908 yılında Rochefortsurmer'de doğan Ponty, 1931 yılında felsefe alanında öğretim görevlisi olmuş, 1941 yılında Sartre ile birlikte Nazi işgaline karşı direnmiş, 1945 yılında profesör olmuş ve 1961 yılında Paris'te ölmüştür[59].

1950'li yıllara kadar yazdıklarına bakılınca Merleau-Ponty'nin fenomenoloji ve varoluşçuluğu sentezlemeye çalıştığı görülecektir[60].

Merleau-Ponty fenomenolojiyi iki yönlü bir hareket olarak ifade etmektedir[61]:

---

56 Öztürk: *op. cit.*, s.58.

57 Yaşar Dursun, (2016), *Jean Paul Sartre Felsefesinde Ben'in Egzistansiyalitesi*, Yüksek Lisans Tezi, Erciyes Üniversitesi Sosyal Bilimler Enstitüsü Felsefe Anabilim Dalı Felsefe Bilim Dalı, Kayseri: s. 50.

58 *Ibid.*, s. 50.

59 http://www.filozof.net/Turkce/filozof-biyografi-m/19777-maurice-merleau-ponty-kimdir-hayati-eserleri-hakkinda-bilgi.html (05.11.2017).

60 Ayhan Dereko, (2011), *Merleau-Ponty'de Kartezyen Özne Eleştirisi ve Tensel Özne*, Doktora Tezi, Ankara Üniversitesi Sosyal Bilimler Enstitüsü Felsefe Anabilim Dalı, Ankara: s. 106.

- Fenomenoloji bir yandan geçici kökenlerine bakmaksızın deneyimleri tanımlamayı amaçlar.
- Fenomenoloji öte yandan deneyim ve dünya arasındaki ilişkiyi anlamaya çabalar.

Merleau-Ponty'e göre fenomenoloji varlığın, özlerin veya şeylerin bilinçte nasıl belirdiğini araştırmaktır ve fenomenoloji bu hususu veri olarak kabul etmez[62].

Fenomenolojinin sahiplenici araştırmasında Marleau-Ponty, fenomenolojik yöntem ve bunun içeriği arasında zımni bir mesafe koyma eğilimindedir[63]. Varoluşun arkasına özleri koyarak ve fenomolojik indirgemenin varoluşsal felsefeye ait olduğunu ifade ederek, Marleau-Ponty bir yöntem olarak fenomenoloji için bir ihtimali açıklamıştır[64].

Marleau-Ponty'nin fenomenolojisi yaşam dünyası ile bilim dünyası arasındaki farklılığı gidermeye dayalıydı ve bundan dolayı bilimi doğrunun bütünlüğü içinde uygun bir yere yerleştirmekteydi[65].

Sosyal bilim filozoflara sosyal bilim üzerinde düşünüp taşınmaları ve yorumda bulunmaları amacıyla bir şeyler verir[66]. Marleau-Ponty bu konuda belirsiz olmasına rağmen Ponty'nin

---

61 Sara Heinamaa, (1999), *Merleau-Ponty's Modification of Phenomenology: Cognition, Passion and Philosophy*, Synthese, Vol: 118, No: 1, s.50.

62 Hüseyin Aydoğdu, (2010), "Maurice Merleau-Ponty'nin Fenomenolojik Ontolojisi", Doktora Tezi, Atatürk Üniversitesi Sosyal Bilimler Enstitüsü Felsefe Anabilim Dalı, Erzurum: s. 46.

63 Patrick L. Bourgeois, (1996), *Marleau-Ponty, Scientific Method, and Pragmatism*, The Journal of Speculative Philosophy, Vol: 10, No: 2, p. 125.

64 *Ibid.*, p. 125.

65 Don Ihde and Evan Selinger, (2004), *Marleau-Ponty and Epistemology Engines*, Human Studies, Vol: 27, No:4, p. 366.

66 Nick Crossley, (2004), *Phenomenology, Structuralism and History: Marleau-Ponty's Social Theory*, Theoria: A Journal of Social and Political Theory, Vol: April 2004, No: 103, p. 95.

açık refleksiyonları ve uygulamasının sonuçları sosyal bilimlerin en basit ve en düşük fenomenolojik şekillerinde bile fenomenolojinin sosyal bilimlerle ilerleyebildiği gerçeğine dayanır[67]. Çünkü ampirik çalışmalar ve söz konusu bilimlerin yöntemleri filozofların refleksiyonlarının belirgin olduğu dünyadaki insan varoluşunun hallerini ve boyutlarını gösterir[68].

Fenomenolojik bakış gerçekliğin hiçbir zaman kendi halinde olmadığını, ona yalnızca algı ve bilinç yoluyla ulaşılabileceğini savunmaktadır[69]. Bu kapsamda Marleau-Ponty'nin ortaya koyduğu felsefe, öznenin sahip olduğu dünya deneyimi algı ve duyumsama ekseninde yeniden ele alınır[70].

Bu noktadan hareketle fenomenolojistlerin aşağıda belirtilen pozitif ve negatif özelliklerinin çoğunu paylaştıkları şekillerde çalışmalarını yürüttükleri öne sürülebilir[71]:

- Fenomenolojistler spekülatif düşüncede ortaya çıkan büyük sistemlerin ve gözlemlenmemiş olayların kabulünün karşısında olma eğilimindedirler,
- Fenomenolojistler rönesanstan bu yana Kuzey Avrupa'dan yayılan modern doğa bilimleri ve teknoloji sayesinde dünya çapında büyüyen ve objektivizm ve pozitivizm olarak adlandırılan natüralizme karşı olma eğilimindedirler,
- Pozitif bir yön olarak fenomenolojistler bilişselliği (bazıları da değerlendirme ve eylemi) Edmund Husserl'in

67 *Ibid.*, p. 95.
68 *Ibid.*
69 Seldağ Bankır, (2016), *Rakip ve Mahpus Romanlarında Ben ve Öteki İlişkisine Fenomenolojik Bir Bakış*, RumeliDE Dil ve Edebiyat Araştırmaları Dergisi, Cilt: 2016.4 (Nisan), Sayı: Özel Sayı, p. 12.
70 *Ibid.*, s. 15.
71 https://phenomenology-carp.org/about/ (05.11.2017).

Evidenz olarak adlandırdığı hususa referansta bulunarak değerlendirme eğilimindedirler (Evidenz bir şeyin türü için en açık, en belirgin ve en yeterli yöntemde açıklanan bir olayın farkında olmak anlamına gelir),

- Fenomenolojistler sadece doğal ve kültürel dünyalardaki öznelere değil; rakamlar gibi ideal nesnelere de inanma eğiliminde olup, buna ek olarak bilinçli yaşamın kendi kendine kanıt olabileceğini ve bundan dolayı bilinebileceğine inanma eğilimindedirler,
- Fenomenolojistler merakın karşılaşma olarak adlandırılabilecek hususlar üzerine odaklanmak gerektiği ve benzer şekilde nesneleri karşılaşıldığı şekilde gerektiği hususlarına dayanma eğilimindedirler,
- Fenomenolojistler sebepler, amaçlar ya da dayanaklar sayesinde açıklama yapmadan önce evrensel, a priori ya da eidetik anlamlarda betimlemenin rolünü tanımlama eğilimindedirler,
- Fenomenolojistler Husserl'in transsendental fenomenolojik epoke ve indirgeme olarak adlandırdığı hususun faydalı ve hatta ihtimaller dahilinde olup olmayacağını tartışma eğilimindedirler.

Filozofların fenomenolojiye olan katkıları ve yaklaşımları referans alındığında ortaya çıkan durum fenomenolojinin bir yandan aykırı, öte yandan da gerçekçi bir yaklaşım olduğudur. Dolayısıyla bir olayın fenomenolojik analizi neticesinde elde edilen netice hem radikal hem de gerçekçi olacaktır.

Bu yöntemle elde edilen neticeler bireyler açısından sert eleştirilere hedef olabilecek bir potansiyele de sahip olabilir. Ancak fenomenolojik yöntem transsendental bir yapıya sahip olduğu için söz konusu sert eleştirilerin ortaya çıkması da kaçınılmaz olacaktır.

Son tahlilde fenomenoloji kesin olan ile kesin olma iddiasında olan farkı ortaya koyan eleştirel bir yaklaşım olarak da ifade edilebilir[72]. Diğer bir deyişle, fenomenoloji kesin olan şey ve kesin olmayan şey arasındaki ayrımı ortaya koyarak, bunları birbirinden ayırır ve varlığın özüne ulaşır. Dolayısıyla bir olayın analizinin başlangıç noktası olarak fenomenolojinin kullanılması da olağandır.

---

[72] Emre Şan, (2017), *Fenomenolojik Bir Sorun Olarak Kriz: Husserl ve Heidegger*, Felsefi Düşün Akademik Felsefe Dergisi, Cilt: Nisan 2017, Sayı: 8, s. 240-241.

İKİNCİ BÖLÜM

VARLIK VERGİSİ KANUNU VE VARLIK VERGİSİ'NE İLİŞKİN GÖRÜŞLER

2.1. VARLIK VERGİSİ KANUNU

4305 sayılı varlık vergisi kanunu 12.11.1942 tarihinde yürürlüğe girmiş ve kazanç ve servet sahibi olanların servetlerinden ve olağanüstü kazançları üzerinden bir defaya mahsus olmak üzere alınacak bir vergiydi[73].

Varlık vergisi 3887'si yabancı olmak üzere 114 bin kişiye uygulanmış bir vergidir[74].

Varlık vergisinin uygulanmasındaki nedenler şu şekildedir[75]:

- **Ekonomik Nedenler:** Yüksek enflasyon ve karaborsa.
- **Mali Nedenler:** Mevcut vergilere dört kez zam yapılmasına rağmen istenilen gelirin elde edilememesi ve savaş harcamaları.

---

73 Nezih Varcan, (1995), *Maliye Tarihi*, Birlik Ofset, Eskişehir: s. 126.

74 Sadık Rıdvan Karluk, (2013), *5. Ünite: Temel Sektörlerde Gelişimeler II: Sanayi Sektörü*, Eraslan, Cezmi (Ed.). Saray Matbaacılık, Ankara: s. 138.

75 Filiz Giray, (2010), Maliye Tarihi, Gözden Geçirilmiş 3. Baskı, Ezgi Kitabevi, Bursa: s. 254-255.

- **Sosyal Nedenler:** Gelir ve servet dağılımındaki adaletsizlikler.

Varlık Vergisi Kanunu maddelerinde[76] verginin konusu ile ilgili hükümler özet olarak şu şekillerde ifade edilebilir:

- **Birinci Madde:** Servet ve kazanç sahiplerinin sahip oldukları kazançlar üzerinden söz konusu kişilere bir defaya mahsus bir yükümlülük getirildiği ifade edilmiştir,
- **İkinci Madde:** Varlık vergisinin alınacağı kişiler şunlardır: 2395 sayılı kazanç vergisi kanunları ve 2728 sayılı iktisadi buhran vergisi kanununa müzeyyel 2416 sayılı kanunu değiştiren kanun uyarınca mükellef olanlar; büyük çiftçiler; sahip oldukları binaların ve hisseli ise hissedarlarının hisselerine düşen bir yıllık brüt kazanç toplamı 2500 liradan ve arsalarının kayıtlı değeri 5000 liradan yukarı bulunan ve söz konusu miktarların çıkarılmasından sonra geriye kalan kazanç ve değerlerle varlık vergisini verebileceği komisyonlarca kararlaştırılanlar; 2395 sayılı kazanç vergisi kanunu ve 2728 sayılı iktisadi buhran vergisi kanununa müzeyyel 2416 sayılı kanunu değiştiren kanunda bahsi geçen iş veya teşebbüsle uğraşanlardan bu kanunun yayınlandığı tarihte iş veya teşebbüslerini terk/devir/tasfiye etmiş bulunanlar; komisyoncu, tacir, simsar veya tellal olmasa bile 1939 yılından beri bir kereye mahsus olsa bile ticari işlemlere aracılık ederek komisyon veya aracılık karşılığı olarak her ne nam ile olursa olsun para veya ayniyat almış olanlar,
- **Üçüncü Madde:** İkinci maddede yazılan mükellefiyetlerinden iki veya daha fazlasına tabi olanlar her birinden ayrı ayrı mükellefiyete tabi tutulur. Genel, özel ve ek bütçelerle belediye bütçelerinden ve Bankalar ve Devlet Müesseseleri Me-

[76] https://www.tbmm.gov.tr/tutanaklar/KANUNLAR_KARARLAR/kanuntbmmc024/kanuntbmmc024/kanuntbmmc02404305.pdf (26.07.2018).

murları Aylıklarının Tevhid ve Teadülü Hakkında Kanuna tabi kuruluşlardan ücret, tahsisat ve maaş alanlar ile kadroya dayalı olarak yevmiye ile istihdam edilenler hak ettikleri söz konusu iktisadi değerlerden ötürü ikinci maddenin A fıkrasındaki mükellefiyetlerden muaf tutulurlar,

- **Dördüncü Madde:** 1837 sayılı Bina Vergisi Kanununun üçüncü ve 1833 sayılı Arazi Vergisi Kanununun ikinci maddesinde sayılan bina ve arsa sahipleri bu kanunun ikinci maddesinin C fıkrasındaki mükellefiyetlerden muaftırlar,
- **Beşinci Madde:** Vergi, gerçek ve tüzel kişilerin namlarına tarh edilir ve eshamlı ve eshamsız şirketlerde şirketlerin ne kadar hissesi olduğu fark etmeksizin tüm menkul ve gayrimenkul varlıklarının tamamı üzerinden alınır.

Varlık Vergisi Kanunu'nda verginin miktarı ile ilgili hüküm[77] şu şekildedir:

- **Altıncı Madde:** Yedinci maddede yazılı komisyonlar ikinci maddede bahsi geçen mükelleflerin mükellefiyet derecelerini her mükellef namına 1941 yılında ve ticaretini terk/devir/tasfiye etmiş olanlar için söz konusu durumlara karşılık gelen son yılda tarh edilmiş veya tahakkuk ettirilmiş vergi miktarlarını, çiftçilerde mükellefin zirai durumunu ve gayrimenkul sahiplerinin de kazanç ve vergi miktarlarını gözden geçirmekle beraber bunlara bağlı olmaksızın edinecekleri kanaate göre takdir ve tespit ederler. Ancak 2395 sayılı kanunun 11. maddesi kapsamında kazanç beyannamelerine bilanço eklemek mecburiyetinde bulunan anonim, komandit, limitet ve sermayesi üzerinden kazanç dağıtan kooperatif şirketlerin vergileri, 1941 takvim yılına veya ticari yılına ve iş yerlerini terk/devir/tasfiye edenlerin son seneye ait net kazancın % 50'sinden aşağı ve

---

[77] *Ibid.*

anonim şirketlerde % 70'inden yukarı olamaz. İkinci maddenin B fıkrasında yazılı çiftçilerin mükellefiyetleri de varlıklarının % 5'ini geçemez.

Varlık Vergisi Kanunu hükümlerinde[78] verginin tarhı ile ilgili olan hükümler özet olarak şu şekildedir:

- **Yedinci Madde:** Mükellefiyet derecelerinin tespitinde kurulacak komisyonların başkanlığını her vilayet ve kazanın en büyük mülki amiri yapar ve başkanın altında en büyük mal memuru ve ticaret odaları ile belediyelerce kendi üyeleri arasından seçilecek iki kişiden oluşan bir komisyon ve duruma göre çeşitli komisyonlar kurulabilir. Ticaret odasının olmadığı yerlerde belediye tarafından belediye dışından ticaret ve ziraattan anlayan iki üye seçilir. En büyük mülki ve maliye memurları bu komisyonlarda bizzat durmakla yükümlü olup, birden fazla komisyon kurulması durumunda uygun buldukları memurları vekaleten atayabilirler ve kendileri istedikleri komisyonda bulunabilirler. Komisyonlar büyük çiftçiler için tespitte bulunurken ticaret odası yerine ziraat odası üyelerinden iki üye; ziraat odasının bulunmadığı yerlerde ise belediye tarafından belediye dışından ve ziraattan anlayan iki üye komisyona iştirak edecekti. Komisyon kararları çoğunluk kuralına uygun bir şekilde verilecek ve eşitlik olması halinde komisyon başkanının olduğu taraf tercih edilecekti,
- **Sekizinci Madde:** Komisyon, şirketlerin mükellefiyetlerinin tespitinde ortakların da servetleri ve olağanüstü kazançlarını araştırıp söz konusu kişilerin mükellefiyetlerini de takdir edeceklerdi,
- **Dokuzuncu Madde:** Komisyonlar, çeşitli grupların mükellefiyetlerini tespitini 15 gün içinde sonuçlandırmak zorun-

---

[78] *Ibid.*

dadırlar. Bu süre içinde mükellefiyet derecelerini tespit edemeyen komisyonlarda memur olmayan üyeler yerine son milletvekili seçimlerinde seçmen olanlar arasından belediye başkanlarınca dörder kişi alınarak komisyonların üyeleri tamamlanır,

- **Onuncu Madde:** Komisyonların unuttuğu bir mükellef olduğu takdirde en geç 2 ay içinde gelir idaresince tespit edilerek 7. madde kapsamında oluşturulan komisyonlara bildirilecek ve komisyonda en geç 15 gün içinde söz konusu mükelleflerin vergi miktarlarını kararlaştırmak zorunda kalacaklardı.

Varlık Vergisi Kanunu hükümlerinde[79] verginin tebliğ ve tahsili ile ilgili şu hususlardan bahsedilmektedir:

- **On Birinci Madde:** Komisyon kararları, gelir idarelerinin kapılarına ve köylerde uygun bulunan mahallere listeler konulmak suretiyle ilan ve tebliğ olunacaktı. Gündelik gazeteler yoluyla da yayınlanacak bu listelerin gündelik gazetelerin olmadığı yerlerde belediye tellalları aracılığıyla halka duyurulacaktı. Komisyon kararları kesin olup, idari ve adli mercilere başvurulamayacaktı ve mükellefe mükerrer vergi tarh edildiği takdirde vergilerden en yüksek olanı geçerli olup, diğerleri mahallin en büyük mal memuru tarafından mükellefin müracaatı üzerine silinecekti.

- **On İkinci Madde:** Mükellefler vergilerini listelerin yayınlandığı tarihten itibaren on beş gün içinde mal sandığına yatırmak zorunda olacaklardı. Mahallin en büyük mal memuru lüzum gördüğü halde mükelleflerle ilgili ihtiyati haciz kararı verebilecekti. Vergi ödenmediği takdirde verginin son ödeme süresinden sonraki hafta %1 , diğer hafta % 2 zam yapılacaktı. Listelerin yayınlandığı tarihten itibaren bir ay içinde vergilerini ödemeyenler askeri mahiyeti olmayan genel hizmetlerde veya

---

[79] *Ibid.*

belediye hizmetlerinde çalıştırılacaklardı. Bununla birlikte kadınların veya 55 yaşını geçen erkeklerin borçları hakkında tahsili emval kanunu uygulanmakla birlikte çalışma mükellefiyetine tabi tutulmayacaklardı. Bu fıkra hükümlerine göre çalıştırılanlar aldıkları ücretin yarısını borçlarına mahsup edeceklerdi. Çalışma koşulları hükümetin hazırlayacağı bir yönerge ile belirlenecekti. 15 günlük süre içinde vergilerini ödemeyen mükellefler hazine bono ve tahvili veya banka teminat mektubu sundukları takdirde tahsili emval kanunu ve çalışma zorunluluğu bir ay süreyle geri bırakılabilir.

- **On Üçüncü Madde:** Kolektif ve komandit şirketlerdeki ortaklar da çalışma mecburiyetine tabi tutulabilecekler ve on ikinci madde ile on üçüncü maddede yazılı karar ve işlemler kesin olup, adli ve idari yargı yollarına başvurulamaz.

Varlık Vergisi Kanunu'nda yer alan teminat ile ilgili hükmün açıklaması ise şekildedir[80]:

- **On Dördüncü Madde:** Varlık vergisi mükelleflerinin ikametgahlarında bulunan alt soy, üst soy ve yansoylarına ait menkul ve gayrimenkuller varlık vergisine ve söz konusu verginin zamların kanuni teminatı olup, bu varlıklarla ilgili de tahsili emval kanunu uygulanacaktır. Bu varlıklardan mükellefin karısına/kocasına ait olanlar hariç olmak üzere, komisyonların mükellef için takdir ettiği verginin belirlendiği tarihten itibaren haciz konulmazsa, bu mallar üzerindeki teminat hükmü sona erer. Bu maddede bahsi geçen mallarda rüçhan hakkının[81] devlete ait olduğu ifade edilmiştir. Bir gayrimenkul satışı yapıldığında ilgili vergi dairesince söz konusu gayrimenkulün varlık vergisi ile

---

[80] *Ibid.*

[81] Bir alacağın diğerlerine göre öncelikli olması durumu kamu hukukunda rüçhan hakkı olarak nitelendirilir (Detaylı bilgi için bkz: Gerçek, 2011: 167).

alakalı olmadığı tasdik edilmedikçe tapu daireleri tescil işlemi yapamaz; tescil yapılmışsa da söz konusu tescil geçersiz olur.

Varlık Vergisi Kanunu[82] ile ilgili zamanaşımı da şu şekildedir:

- **On Beşinci Madde:** Dokuzuncu ve onuncu maddelerde yazılı süre ve koşullar içinde tarh edilmeyen vergiler, bu süre geçtikten sonra yeniden tarh ve tahsil edilemeyecekti. Bu kanun uyarınca tahakkuk ettirilmiş olan vergiler 1943 mali yılından itibaren 5 yıl sonra tahsil olunamayacaktı. Verginin tahsili için yapılacak her türlü takip işlemleri zamanaşımını kesecekti.

Varlık Vergisi Kanunu[83] ile ilgili yürürlük maddelerinin açıklaması şu şekildedir:

- **On Altıncı Madde:** Bu kanun yayınlandığı tarihten itibaren geçerli olacaktı.
- **On Yedinci Madde:** Bu kanun hükümlerini İcra Vekilleri Heyeti yürütmeye yetkilidir.

2.2. VARLIK VERGİSİ İLE İLGİLİ OLUMLU VE OLUMSUZ GÖRÜŞLER

Varlık vergisi uygulanışı ile sadece 1942 yılında değil günümüzde bile ciddi bir tartışma konusudur. O kadar ki bunu bir soykırım olarak nitelendirenler bile vardır. Bu durumun aksine söz konusu olayın haklı bir uygulama olduğunu savunanlar da vardır. Dolayısıyla varlık vergisinin bir kriz olarak ortaya çıktığını ifade etmek doğru bir yaklaşım olacaktır.

Varlık vergisini eleştirenler ve eleştirdikleri hususlar aşağıdaki gibi ifade edilebilir:

---

[82] https://www.tbmm.gov.tr/tutanaklar/KANUNLAR_KARARLAR/kanuntbmmc024/kanuntbmmc024/ kanuntbmmc02404305.pdf (26.07.2018).

[83] *Ibid.*

- İnci (2012) varlık vergisinin vergileme ilkelerine uygun olmadığını ve azınlıkları ticari hayattan silmek üzerine konulmuş bir vergi olduğunu ifade etmektedir[84].
- Yüce (2004) zorunlu çalışma kamplarının yalnızca gayrimüslimlere uygulandığını ve Müslümanların göstermelik olarak bu uygulamanın yapıldığını ifade etmek suretiyle varlık vergisini eleştirmiştir[85].
- Coşar (2003) varlık vergisinin bazı mükellefler için ertelenmesi ve sonrasında silinmesi nedeniyle varlık vergisini politik yolsuzluk olarak değerlendirmiştir[86].
- Tuncer (2015) varlık vergisinin azınlıkları hedef alma suretiyle Türk maliye tarihine kara bir leke olarak geçtiği yönünde eleştiride bulunmuştur[87].
- Karabulut (2005) varlık vergisinin azınlıkları hedef alan, adil olmayan haksız bir vergi olarak değerlendirmiştir[88].
- Tekin ve Gümüş (2014) varlık vergisinin belirlilik ilkesine uygun olmadığından hareketle varlık vergisini eleştirmişlerdir[89].

---

84 İbrahim İnci, (2012), İkinci Dünya Savaşı Yıllarında Türkiye'de Varlık Vergisi Uygulaması, *Celal Bayar Üniversitesi Sosyal Bilimler Dergisi,* Cilt: 10, Sayı: 2, s. 288.

85 Mehmet Yüce, (2004), Avarız Vergisinin Muhteşem Dönüşü: Olağanüstü Vergiler, *Akademik Bakış,* Cilt: Temmuz 2004, Sayı: 3, s. 6.

86 Nevin Coşar, (2003), Varlık Vergisi Konusundaki Yolsuzluk Söylentileri, *Ankara Üniversitesi SBF Dergisi,* Cilt: 58, Sayı: 2, s. 1.

87 Güner Tuncer, (2015), Türk Sinemasından Mali Sosyolojiye Yansımalar", *Marmara Üniversitesi İ.İ.B. Dergisi,* Cilt: XXXVII, Sayı: I, s. 213.

88 Kerem Karabulut, (2005), 11 Teşrinisani 1942 Tarihli Varlık Vergisi'ne Bir Bakış, *Atatürk Üniversitesi Türkiyat Araştırmaları Dergisi,* Yıl: 2005, Sayı: 27, s. 333.

89 Ahmet Tekin ve Öner Gümüş, (2014), 1982 Anayasası'nda Yer Alan Vergileme İlkelerinin Felsefi Temelleri, *Dumlupınar Üniversitesi Sosyal Bilimler Dergisi,* Cilt: Ocak 2014, Sayı: 39, s. 250.

- Yavuz (2015) varlık vergisinin de içinde bulunduğu olağanüstü vergilerin sosyal hayatta kalıcı izler bıraktığını ifade etmek suretiyle varlık vergisini eleştirmiştir[90].
- Bakkal (2003) varlık vergisinin uygulanışı ve ortaya çıkardığı sonuçlar nedeniyle haksız ve keyfi bir vergi olduğunu ileri sürmüştür[91].
- Aktar (2012) varlık vergisinin azınlık karşıtı bir uygulamaya örnek olduğunu belirterek varlık vergisini eleştirmiştir[92].
- Bali (2012a) varlık vergisini, uygulaması bakımından gayrimüslimlerin Türk olarak kabul edilmemesinin bir yansıması olarak değerlendirmiştir[93].
- Çetinoğlu (2009) varlık vergisini etnik bir temizlik aracı olarak 1915 Ermeni meselesinin son noktası olarak görmüş, ve varlık vergisini ekonomik ve kültürel bir soykırım olarak ifade etmiştir[94].
- Bali (2012b) Amerika Birleşik Devletleri (ABD), Fransa, Almanya, İtalya ve İsviçre ulusal arşivlerine dayanarak varlık vergisinin gayrimüslimlere haksız ve ayrımcı bir şe-

---

[90] Erdem Yavuz, (2015), Milli Korunma Kanunu, Varlık Vergisi Kanunu ve Toprak Mahsulleri Vergisi Kanunu Tartışmaları: Erzincan Uygulamaları, *Akademik Sosyal Araştırmalar Dergisi,* Cilt: Haziran 2015, Sayı: 12, s. 176.

[91] Ufuk Bakkal, (2003), Varlık Vergisi Kanunu'nun Maliye Teorisindeki Vergilendirme İlkeleri Çerçevesinde Değerlendirmesi, *Maliye Araştırma Merkezi Konferansları,* Cilt: 0, Sayı: 43-44, s. 96.

[92] Ayhan Aktar, (2012), *Varlık Vergisi ve Türkleştirme Politikaları,* 12. Baskı, İletişim Yayınları, İstanbul: s. 136.

[93] Rıfat N. Bali, (2012a), *Varlık Vergisi Hatıralar-Tanıklıklar,* Libra Kitap, İstanbul: s. 15.

[94] Ali Sait Çetinoğlu, (2009), *Varlık Vergisi 1942-1944,* Belge Yayınları, İstanbul: s. 554.

kilde uygulandığını belirterek varlık vergisine eleştiride bulunmuştur[95].

- Akar (1999) varlık vergisinin azınlıkları yıkıcı etkilerinin bulunduğunu ileri sürerek söz konusu vergiyi eleştirmiştir[96].
- Aktar (1999) varlık vergisini 6-7 Eylül ve 1964 yılında İstanbul Rumlarının sınır dışı edilmeleriyle aynı kapsamda ele alarak eleştirmiştir[97].
- Bali (2008) Demokrat Parti (DP) milletvekili Ahmet Hamdi Başar'ın varlık vergisi karşısındaki tutumunu varlık vergisinin keyfi ve ayrımcı bir vergi olduğu kapsamında değerlendirmek suretiyle varlık vergisine eleştiride bulunmuştur[98].
- Bali (1997) dönemin defterdarı Faik Ökte'nin anılarının basında yarattığı tartışma kapsamında varlık vergisinden en çok zarar gören kesimin Yahudilerin olduğunu ifade etmek suretiyle varlık vergisini eleştirmiştir[99].
- Ökte (t.y) varlık vergisinin ırkçı bir yapıda olduğunu vurgulayarak varlık vergisine eleştiride bulunmuştur[100].
- Ünal (2012) varlık vergisinin asıl amacının gayrimüslimleri ticaret hayatından silerek ticaret hayatının Müslüman-

---

95 Rıfat N. Bali, (2012b), The Wealth Tax (Varlık Vergisi) Affair, Libra Kitap, İstanbul: s.13.

96 Rıdvan Akar, (1999), *Aşkale Yolcuları,* Doğan Kitap, İstanbul: s. 182.

97 Ayhan Aktar (1999), İstanbul Tapu Kayıtlarının Analizi (26 Aralık 1942-30 Haziran 1942), *Toplumsal Tarih,* Cilt: 12, Sayı: 69, s. 10.

98 Rıfat N. Bali, (2008), Ahmet Hamdi Başar'ın Görüşleri-Varlık Vergisi ve Türkleşme Hakkında, *Toplumsal Tarih,* Cilt: Temmuz 2008, Sayı: 175, s. 70.

99 Rıfat N. Bali, (1997), Çok Partili Demokrasi Döneminde Varlık Vergisi Üzerine Tartışmalar, *Tarih ve Toplum,* Cilt: 28, Sayı: 165, s. 47.

100 Faik Ökte, (t.y), *Varlık Vergisi Faciası,* Nebioğlu Yayınevi, İstanbul: s. 211.

laştırılmak istendiğine vurguda bulunmak suretiyle varlık vergisine eleştiride bulunmuştur[101].

- Gökbunar vd. (2016) varlık vergisi olayını Ermenilerin az sıkıntı çekmelerine rağmen bunu istismar ettiğini ifade etmiş; bununla birlikte varlık vergisini ırk ve din ayrımına dayalı bir vergi olarak belirtmiştir[102].

Varlık vergisini savunan fikirler ise şu şekildedir:

- Yeni Asır Gazetesi (1942) varlık vergisini Türk Vergi Sistemi'ndeki dikkat çekici bazı aykırılıkları ortadan kaldırdığına ilişkin bir söylemle savunmuştur[103].
- Pur (2007) dönemin başbakanı Şükrü Saraçoğlu'nun gazeteci Ahmet Emin Yalman'a söylemiş olduğu "*... Yurda faydalı olabilen her fert, aslı, nesebi, dini ne olursa olsun öz Türk vatandaşıdır*" cümlesinden hareketle başbakan Şükrü Saraçoğlu'nun artık Türk ekonomisinin bağımsız olduğu ve bu vatan içinde namusuyla yaşayan herkesin vatandaş sayılması mesajlarını verdiğini belirtiyor ve böylelikle de varlık vergisinin faşist bir düşünce yapısından çıkmadığını ifade ederek varlık vergisini savunmuştur[104].
- Gürbüz (2007) varlık vergisinin % 36,5'inin Müslümanlar ve dönmeler tarafından, % 10,5'inin yabancılar tarafından ve % 53'ünün gayrimüslimler tarafından ödendiği gerçeğinden hareketle, yol vergisi ve toprak mahsulleri

---

101 Binali Ünal, (2012), *Varlık Vergisi (Aşkale Sürgünleri),* Rezan Yayıncılık, İstanbul: s. 16.

102 Ramazan Gökbunar vd. (2016), Varlık Vergisinin Türk Romanında Yansıması, *bilig,* Cilt: Yaz 2016, Sayı: 78, s. 246.

103 Varlık Vergisinden Sonra Verim Mücadelesi, *Yeni Asır,* No: 11411 17 İlk Kanun Perşembe 1942, s.1.

104 Hüseyin Perviz Pur, (2007), *Varlık Vergisi ve Azınlıklar,* Eren Yayıncılık, İstanbul: s. 408-409.

vergisiyle Anadolu köylüsünün zaten ezildiğini ifade ederek varlık vergisini savunmuştur[105].

- Kafaoğlu (2005) hem halkın çektiği sıkıntılar hem de ikinci dünya savaşının sıkıntılarından hareketle, varlık vergisinin mağdur edebiyatı yapılmasına karşı çıkmak suretiyle varlık vergisini savunmuştur[106].
- Kayra (2013) alınan verginin ağır olmadığını ifade ederek, söz konusu dönemde idarecilik yapmış kişilere minnet ve saygı duyulması gerektiğini belirtmek suretiyle varlık vergisini savunmuştur[107].
- Dokuyan (2014) varlık vergisinin uygulandığı dönemdeki bürokratların şahsi hataları nedeniyle haksızlık ve patronaj yaşanmasına rağmen, varlık vergisinin tekalif-i milliye emirlerine göre daha hafif bir yükümlülük olduğunu ve varlık vergisinin ülke saygınlığını zedeleyecek şekilde anlatılmasının bilimsel ve etik olmadığını ifade ederek varlık vergisini savunmuştur[108].
- Yeşilyurt (2016) varlık vergisinin kanundaki yanlışlıklar ve uygulamadaki problemler nedeniyle kabul edilebilirliği sorgulanan bir vergi haline geldiğini ifade etmekle beraber, varlık vergisinin iktisadi ve sosyal bir bakış açısıyla uygulanmasının gerekli olduğunu belirtmiştir[109].

---

[105] Cazim Gürbüz, (2007), *Edebiyatlaşan Vergiler*, Bilgeoğuz Yayıncılık, İstanbul: s. 97.

[106] A. Başer Kafaoğlu, (2005), *Varlık Vergisi Gerçeği*, 2. Basım, Kaynak Yayınları, İstanbul: s. 17.

[107] Cahit Kayra, (2013), *Savaş Türkiye Varlık Vergisi*, Genişletilmiş 4. Baskı, Tarihçi Kitabevi, İstanbul: s. 258.

[108] Sabit Dokuyan, (2014), Savaş Ekonomisi ve Varlık Vergisi Üzerine Bir Değerlendirme, *Eskişehir Osmangazi Üniversitesi Sosyal Bilimler Dergisi*, Cilt: 15, Sayı: 2, s. 50.

[109] Şahin Yeşilyurt, (2016), Varlık Vergisi Hakkında Bir Değerlendirme, *Uluslararası Yönetim İktisat ve İşletme Dergisi*, Cilt: 12, Sayı: 27, s. 293.

- Öztürk (2013) varlık vergisindeki istismarın uygulama şekli ve uygulamacılarda olduğunu ifade ederek, söz konusu verginin gayrimüslimlere yönelik bir vergi olmadığını ve dönemin ekonomik koşulları içinde alınması gerekli bir vergi olduğunu belirtmek suretiyle varlık vergisini savunmuştur[110].
- Başkaya (2017) varlık vergisinin uygulamasında yanlışlıklar bulunmakla beraber, ikinci dünya savaşı sırasında haksız kazanç sağladığına kanaat getirilen yabancı sermayenin millileştirilmesi anlamında bir vergi olduğunu ve zaten Anadolu'nun içlerine gelindiğinde vergi ödeyenlerin çoğunlukla Müslüman Türkler olduğunu ifade ederek söz konusu verginin sadece gayrimüslimlere uygulandığı gibi yanlış bir kanının olduğunu öne sürmüştür[111].
- Akalın (2005) Varlık vergisinde özellikle gayrimüslimlerin yabancı misyonerleri devreye sokması ve bir Yahudi yurttaşın söylemiş olduğu *"Varlık Vergisi senesinde askerdim. Yediğimiz ekmek çamur gibi simsiyah ve hatta içinde çamur parçaları bile vardı... İşte bu asker Almanları hudutta I. Dünya Savaşından kalma silahlarla bekliyordu. İçinde olmasam inanılacak gibi değildi. İşte o zaman varlık vergisi alındı ve karnımız doydu desem yeridir"* sözlerini ortaya koyarak varlık vergisinin haklılığını savunmaktadır[112].

---

110 İbrahim Mert Öztürk, (2013), İkinci Dünya Savaşı Türkiye'sinde Olağanüstü Ekonomik Kararlar: Milli Korunma Kanunu ve Varlık Vergisi, *Tarih Araştırmaları Dergisi,* Cilt: 32, Sayı. 54, s. 162.

111 Muzaffer Başkaya, (2017), Varlık Vergisi ve Giresun'da Uygulaması, *Social Sciences Studies Journal,* Cilt: 3, Sayı: 8, s. 1813.

112 Cüneyt Akalın, (2005), Varlık Vergisi'nde Yabancı Tanıklar, *Mülkiye Dergisi,* Cilt: 29, Sayı: 247, s. 172-173.

- Ata (2014) varlık vergisinin art niyetle çıkarılmış bir vergi olmadığını ve dönemin savaş koşullarının ortaya çıkarmış olduğu iktisadi bir mecburiyet olduğuna vurguda bulunmak suretiyle varlık vergisinin haklı gerekçelerle alındığını belirtmiştir[113].
- Meyvacı (2010) varlık vergisinin olumlu sonuçları olduğunu ve daha liyakatli kişiler tarafından ve bilimsel verilerle yapılması durumunda daha da olumlu sonuçlanabileceğine vurguda bulunarak varlık vergisinin haklılığını ifade etmiştir[114].
- Yalçın (2012) varlık vergisinin savaş koşullarının ağırlığına bağlı olduğunu, diğer ülkelerde benzeri olması ve geliri düşük olan ailelerin çocuklarının silah altında olması gerçeklerinden hareketle varlık vergisinin gerekliliğini savunmuştur[115].

Son olarak Meriç (1951) dönemin defterdarı Faik Ökte'ye çok ağır ithamlarla yüklenmek suretiyle varlık vergisini savunmuştur[116]:

> "Eğer bu vergide biraz adaletsizlik ve nisbetsizlik olmuş ve bu yüzden bazı vatandaşlarımız haksızlığa kurban gitmiş ise, bu senin gibi apartmanlar diken vatan ve vatandaş sevgisi nedir bilmeyen menfaat düşkünleri sayesinde olmuştur. Memleket severliğinde hiç şüphemiz

---

[113] Ferudun Ata (2014), Varlık Vergisinin Amerikan Kamuoyuna Yansıması (New York Times Gazetesi Örneğine Göre), *Tarihin Peşinde-Uluslararası Tarih ve Sosyal Araştırmalar Dergisi,* Yıl: 2014, Sayı: 11, s. 77.

[114] Hakkı Ilgar Meyvacı, (2010), *Türk Vergicilik Tarihinde Olağanüstü Bir Vergi Uygulaması Örneği: Varlık Vergisi,* Yüksek Lisans Tezi, Celal Bayar Üniversitesi Sosyal Bilimler Enstitüsü Maliye Anabilim Dalı Mali Hukuk Programı, Manisa: s. 90.

[115] Osman Yalçın, (2012), Varlık Vergisi Kanunu ve Uygulaması, *Avrasya İncelemeleri Dergisi,* Cilt: 1, Sayı: 1, s. 342.

[116] Ahmet Arif Meriç, (1951), *Varlık Vergisinin Satılmış Kahramanı Faik Ökte'ye Açık Mektup,* Raşit Bütün Matbaası, İstanbul: s. 4.

> olmayan Türk oğlu Türk Saraçoğlu bu verginin o zaman yalnız varlıklardan alınmasını emretmiş ve sizin gibi riyakar çömezlere de o şekilde direktifler vermiştir. Fakat; sizler ne yaptınız? Ve ne maksatlarla bu işleri alt üst ettiniz? Bugün Ebucehil gibi eserinle bunu aşağı yukarı ifade ediyor ve milletin nazarında rezil ve perişan oluyorsun".

Görüleceği üzere Adalar Gençlik Kulübü Başkanı Ahmet Arif Meriç varlık vergisinin Faik Ökte gibi uygulamacıların hatalarından dolayı bu hale geldiğini; bununla birlikte uygulamada mutlaka tatbik edilmesi gereken bir vergi olduğunu dönemin defterdarı Faik Ökte'ye ağır ithamlarda bulunmak suretiyle ifade etmiştir.

ÜÇÜNCÜ BÖLÜM

GENEL DEĞERLENDİRME: VARLIK VERGİSİ'NİN FENOMENOLOJİSİ

3.1. VARLIK VERGİSİ ÖNCESİ TÜRKİYE VE DÜNYA

1918 yılından 1938 yılına kadar sakin bir dönem yaşayan dünya, Almanya'nın birinci dünya savaşını kaybetmesinin intikamını almak istediği için yeniden çalkantılı günlere doğru gidiyordu[117]. 1933 yılında Hitler liderliğinde iktidara gelen Nazi Partisi silahlanma ile iktisadi nütuzu ve politik nüfuzunu arttırmaya başlayınca Avrupa ve dünya tarafından dikkate değer bir unsur olmuş ve izlediği statükocu dış politikayla ekonomik gücünü politik amaçlarını gerçekleştirmede kullanmış ve bu durum da Batıda ve Sovyet Birliği'nde endişeyle karşılandı[118]. Nihayetinde 1 Eylül 1939 tarihinde Almanya'nın Polonya'ya saldırma-

---

[117] Hüseyin Emiroğlu, (2007), İkinci Dünya Savaşı'na Giden Süreçte Küresel ve Bölgesel Aktör-Devlet Davranışlarının Çözümlenmesi, *Abant İzzet Baysal Üniversitesi Sosyal Bilimler Enstitüsü Dergisi,* Cilt: Bahar 2007-1, Sayı: 14, s.70.

[118] Gürdal Çetinkaya, (2014), *İsmet İnönü ve İkinci Dünya Savaşı,* Yüksek Lisans Tezi, Dokuz Eylül Üniversitesi Atatürk İlkeleri ve İnkılap Tarihi Enstitüsü, İzmir: s. 27.

sıyla ikinci dünya savaşı başlamış oldu[119]. Bunun üzerine 3 Eylül 1939 tarihinde İngiltere ve Fransa Almanya'ya savaş ilan etti ve buna karşılık da İtalya Almanya'nın yanında yer alınca savaş Akdeniz'e yayıldı; bunun üzerine İngiltere ve Fransa, Türkiye'den kendilerinden taraf olmalarını istemiş ve fakat Türkiye, Sovyet çekincesi ile bunu kabul etmeyerek bir denge politikası yürütmeye çalışmıştır[120].

Hitler'in asıl istediği ise İngiltere'yi mağlup ederek Sovyet Rusya üzerine yürümek olmasına rağmen, isteksiz de olsa Kuzey Afrika ve Balkan seferlerini gerçekleştirmişti ki kazanırsa Süveyş ve Orta Doğu'yu ele geçirecek kaybederse de İngiltere'yi Rusya'yı mağlup edene kadar Avrupa'dan uzak tutmuş olacaktı ve İtalya Libya'yı kaybetme noktasına gelince Hitler 1941 yılının Şubat ayından itibaren birkaç Alman tümeni sevk ederek İtalyanlara destek vermek durumunda kalmıştı[121].

İkinci dünya savaşına giden yolda Türkiye'nin izlediği yollar ise şu şekildeydi: Türkiye 1937 yılında İngiltere ve Fransa'nın yanında olmaya karar vermiş ve sonrasında da bu tercihinde bir değişiklik yapmamıştır. Türkiye, Almanya ve İtalya'ya karşı denge siyasetini yürütürken de Balkan ve Sadabat Paktları ile kendisini güvenceye almış ve Boğazlar konusunda ise kararlı tutumunu sürdürmeye devam etmiştir. Almanya-Sovyet Rusya ittifakı ise 1941'lere kadar Türkiye'yi tedirgin edecektir. Türkiye barışçı politikasını sürekli sürdürmüş olup, zaman zaman garanti

---

[119] Çağrı Erhan, (2013), *6. Ünite: Türk Dış Politikası'nda (1938-2002) Dönemi,* Eraslan, Cezmi (Ed.). Saray Matbaacılık, Ankara: s. 174.

[120] Mücahit Özçelik, (2010), İkinci Dünya Savaşı'nda Türk Dış Politikası, *Erciyes Üniversitesi Sosyal Bilimler Enstitüsü Dergisi,* Cilt: 1, Sayı: 29, s. 257.

[121] Burak Çınar, (2014), İkinci Dünya Savaşı'nda Almanya'nın İki Cepheli Savaş Sorunu, *Güvenlik Stratejileri Dergisi,* Cilt: 10, Sayı: 20, ss. 168-169.

anlaşmaları ve uluslararası politika gereği savaşa girme tehdidini kullanmıştır[122].

İkinci dünya savaşı öncesinin ekonomisine bakmak için de sanayi devriminden bahsetmek gerekmektedir.

İlk olarak İngiltere'de ortaya çıkan sanayi devrimi, küreselleşmenin de etkisiyle hızla yayılmış ve İngiltere, ABD ve Almanya gibi gelişmiş ülkelerde üretim tarımdan teknolojiye kaymış ve fabrikalarda seri üretime geçilmiştir ki bu süreçten sonra tarımın ekonomi içindeki payı azalırken, sanayi hakim ekonomik faaliyet haline gelmiştir[123].

Türkiye'de savaş dönemine kadar şu ekonomik gelişmeler yaşanmıştır[124]: 1930 yılında ABD'den 10 dolarlık bir borç alınmış, 1934 yılında Sovyet Rusya'dan alınan 8 milyon dolarlık borçla I. Beş Yıllık Sanayi Planı uyarınca açılması öngörülen fabrikalardan bazıları açılmış, 1938 yılında İngiltere'den 16 milyon dolar borç alınmış ve bunun 10 milyon dolarıyla dış borçları ödemedeki sıkıntılar ortadan kaldırılmış 6 milyon dolarlık kısım askeri amaçlarla kullanılmış olup, 1939 yılında ABD'den 236 milyon dolar, 1940 yılında İngiltere ve Fransa'dan 164 milyon dolar ve 1942 yılında da Almanya'dan 100 milyon mark kredi alınmıştır.

Türkiye ikinci dünya savaşına katılmamakla birlikte, söz konusu savaş ekonomik kalkınma gayretlerini baltalamış, dış ticaret hacmi yarıya inerken bir milyondan fazla kişi askere

---

122 Hasan Köni, (1988), II. Dünya Savaşı Öncesinde Türk Dış Politikası, *Ankara Üniversitesi Türk İnkılap Tarihi Enstitüsü Atatürk Yolu Dergisi,* Cilt: 1, Sayı: 1, s. 48.

123 Burcu Kılınç Savrul ve Cüneyt Kılıç, (2011), Eski Ekonomiden Yeni Ekonomiye Yaşanan Yapısal Dönüşümün Türkiye Ekonomisi Üzerindeki Etkileri, *İstanbul Üniversitesi Sosyal Bilimler Dergisi,* Yıl: 2011, Sayı: 2, s. 27.

124 Mevlüt Karabıçak, (2000), Türkiye'de Ekonomik İstikrarsızlığın Tarihsel Gelişim Süreci, *Süleyman Demirel Üniversitesi İktisadi ve İdari Bilimler Fakültesi Dergisi,* Cilt: 5, Sayı: 2, s.53.

alınmış ve bu da masrafları büyük ölçüde arttırmıştır ve bunların finansmanı için milli müdafaa ve varlık vergisi gibi yeni vergiler konmuş, tasarruf bonolarıyla halka borçlanılmış, ve nihayetinde enflasyonist baskılar oluşmaya başlamıştır[125]. 1938 yılında toptan fiyatlar endeksi 100 iken, 1942'de 280'e ve 1943 yılında 457'ye yükselmiş ve böylece ilk enflasyon beraberinde ilk devalüasyonu getirmiş,1943 yılında dolar 126 kuruştan 131 kuruşa yükseltilmiş ve gizli devalüasyon nedeniyle dolar 193 kuruşa yükselmiştir[126]. 1939 yılında uygulanması gereken ikinci beş yıllık kalkınma planı da bu olumsuz şartların neticesinde uygulamaya girmemiştir[127].

Mali politikalarda ise Türkiye'de şu gelişmeler yaşanmıştır[128]:

- Aşarın kaldırılması nedeni ile kamu gelirleri azaldığı için, kamu gelirlerinin tekrar nasıl arttırılacağı araştırılmıştır,
- Vergi politikası, iktisadi gelişmeyle bağlantılı olan kamu hizmetlerinin finanse edilmesi için kaynak sağlama amacı güdülmüştür,
- Yeni getirilen vergilerle vergi yükü de ücretlilere yükletilmiştir.

İkinci dünya savaşı içinde özellikle varlık vergisi siyasal, sosyal, iktisadi ve mali anlamda etkisi nedeniyle günümüze kadar devam eden ve birçok tartışmayı beraberinde getiren bir uygulama olarak karşımıza çıkacaktır.

---

[125] Vural Savaş, (1971), *Türkiye Ekonomisi,* Sermet Matbaası, İstanbul: s. 3.
[126] *Ibid.*, s. 4.
[127] *Ibid.*
[128] Fatih Saraçoğlu, (2009), 1930-1939 Döneminde Vergi Politikası, *Maliye Dergisi,* Cilt: Temmuz-Aralık 2009, Sayı: 157, s. 132.

3.2. VARLIK VERGİSİ: GENEL DEĞERLENDİRME

Varlık vergisine ilişkin görüşlere bakıldığında gerek eleştirenlerin gerekse de savunanların görüşlerinde haklılık payı olduğu görülecektir. Peki bu durumda varlık vergisiyle ilgili ne gibi bir hükme varılabilir? İşte fenomenolojik bakış açısı, varlık vergisiyle ilgili objektif değerlendirmelerde bulunmaya yardımcı olacak bir araç olarak ortaya çıkmaktadır. Bu bakımdan varlık vergisinin transsendental indirgeme ve eidetik indirgeme olarak iki ana kısımda incelenip aradaki farklara eleştirel bir biçimde yaklaşmak varlık vergisiyle ilgili bilimsel bir sonuca ulaşılmasına yardımcı olacaktır.

3.2.1. Varlık Vergisinin Transsendental İndirgemesi

Varlık vergisiyle ilgili önbilgileri ve kabulleri paranteze almak için -diğer bir ifadeyle varlık vergisinin transsendental indirgemesini yapmak için varlık vergisinin hukuki, iktisadi ve mali açıdan incelemek gerekmektedir.

3.2.1.1. Hukuki Kapsamda Varlık Vergisi

Varlık Vergisi Kanununun 1942 yılında çıktığı düşünülürse, söz konusu dönem için 1924 Anayasası'nın geçerli olduğu gerçeğine ulaşılabilir. 1924 Anayasası'nın 74. maddesinde *"Olağanüstü hallerde kanuna göre yükletilecek para ve mal ve çalışma ödevleri dışında hiçbir kimse başka hiçbir şey yapmaya ve vermeye zorlanamaz"* hükmü yer almaktadır. Nitekim Varlık Vergisi Kanununun on ikinci maddesinde çalışma mecburiyeti getirilmiştir ki dönemin olağanüstü koşulları göz önüne alındığında çalışma mecburiyetinin hukuki olduğu ifade edilebilir.

Bununla birlikte söz konusu kanunu hak arama hürriyeti açısından da incelemek gerekmektedir. Kişilerin hak arama özgürlüğünün olmasının mecburiyeti kamu düzeniyle ilgili olmasından gelir ve hukukun temelinde hak kavramının olması ve hukuk olmaksızın toplumun düzeninin sağlanamayacağı düşünüldüğünde hak arama özgürlüğünün çok önemli olduğu ortaya çıkmaktadır[129]. Devlet kendi egemenlik alanı içinde hak ihlallerini ortadan kaldırmakla yükümlü olduğu için kişilere hak olarak verilen unsurların korunması görevi de devlete düşmektedir ve devletin hak ihlalinde bulunacağı düşüncesi devletin varlık nedenini ortadan kaldıracağı için kural olarak devlet hak ihlalinde bulunamaz[130]. Diğer taraftan 1924 Anayasası'nın 59. maddesinde *"Herkes mahkeme önünde haklarını korumak için gerekli gördüğü yasal araçları kullanmakta serbesttir"* hükmü yer almaktadır. Dolayısıyla Varlık Vergisi Kanununda anayasal bir hak olan hak arama hürriyetinin engellendiği ileri sürülebilir.

Bu bağlamda Varlık Vergisinin kısmen hukuki kısmen de gayri hukuki olduğunu söylemek yanlış bir yaklaşım olmayacaktır.

3.2.1.2. İktisadi Kapsamda Varlık Vergisi

Varlık vergisinin iktisadi sonuçları şu şekildedir[131]:

- Gayrimüslim vatandaşların malvarlığının bir kısmı devlete bir kısmı da Türk-Müslüman burjuvazisinin eline geçmiştir,

---

129 Mesut Aydın, (2006), Anayasa Mahkemesi Kararlarında Hak Arama Özgürlüğü, *Ankara Üniversitesi SBF Dergisi,* Cilt: 61, Sayı: 3, s. 2-3.

130 *Ibid.*, s. 3.

131 Ahmet Kızılkaya, (2016), Ekonomik ve Siyasi Boyutlarıyla Varlık Vergisi, *Emek ve Toplum,* Cilt: 5, Sayı: 5, s.93.

- Müslüman-Türk burjuvazisi Yahudi, Rum ve Ermenilerin taşınmaz mallarına, mal stoklarına ve fabrikalarına çok ucuz fiyatlara sahip olduğu için sanayi ve ticaret yaşamının etnik ve dini yapısında belirgin değişimler gözlenmiştir,
- Varlık vergisinden elde edilen gelirlerle bütçe açığını kapatamayan devlet, sıkı para politikasından vazgeçerek para basmaya girişmiş ve böylece Cumhuriyet döneminin ilk enflasyonu ortaya çıkmıştır,
- Malvarlıkları azalan gayrimüslimler yeniden ve kısa zamanda toparlanabilmek için karaborsa ortamına girdiklerinden karaborsa son bulmamıştır,
- Güven ortamı sarsıldığı için gayrimüslimler yatırımlarını yurt dışı ülkelerde yapmışlardır.

Modern girişimci bir organizasyonun görevleri riski yüklenme, idare etme, iktisadi belirsizlikle uğraşma; planlama ve yenilik; eşgüdüm, yönetim, kontrol ve devamlı gözetimdir[132]. Varlık vergisi ile de söz konusu modern girişimci organizasyon yapısı ticaretin gayrimüslimlerden çıkmasıyla sıkıntıya uğramıştır. Çünkü piyasa ekonomisi içinde risk yüklenmeyi, idare etmeyi, ekonomik belirsizliklerle uğraşmayı, planlama ve yenilik yapmayı, devamlı gözetimi kendi beşeri sermayesinde biriktiren müteşebbislerin ticaret hayatını terki söz konusudur. Bu durum biraz da iş bölümü ile ilgilidir.

Emeğin üretim üzerindeki olumlu etkisi, emeğin kullanılmasında gösterilen ustalığın, el yatkınlığının veya kavrayışın

---

132 Frederick Harbison, (1966), *Müteşebbis Organizasyonun Ekonomik Kalkınmadaki Rolü,* Gürkan, Fahir (Çev.), Metin Berk, Fikret Görün ve Selim İlkin (Der.). Güzel İstanbul Matbaası, Ankara: s. 426.

çoğu iş bölümünden kaynaklanmaktadır[133]. Nitekim dünya ekonomisi için de iş bölümünden bahsetmek gerekmektedir ki günümüzde birçok ülke birlik içerisine girmek suretiyle uzmanlaşmaktadır[134]. Örneğin İsveç'in çelik ve bilye yatak yapımında, İsviçre'nin saat yapımında ve Japonya'nın elektronik aletler yapımında uzmanlaşması da bazı ülkelerin belli konularda uzmanlaşmaya çalıştığını göstermektedir[135]. Varlık vergisi ile de ticaret ve sanayi alanında girişimcilik üzerine uzmanlaşmış kişilerin sadece malvarlıklarıyla değil; uzmanlaştıkları alan olan girişimcilik unsurunu da alıp götürmelerinin, gelecek dönemlerde yaşanacak olan ekonomik sarsıntıların temelini oluşturduğunu söylemek yanlış bir kanı olmayacaktır.

Kaynakların tahsisi ve üretimi ile ilgili kararların üretim faktörleri sahipleri, çalışan, üretici ve tüketici arasında fiyatlara bağlı bir şekilde isteğe bağlı yapılan bir mübadele olarak tanımlanabilecek piyasa ekonomisi, bir ekonomik sistem olarak nitelendirilmekte ve belli koşullara dayanmaktadır ki söz konusu koşulların başında özel mülkiyet, sözleşme yapma serbestisi, işlevsel piyasalar ve girişimci gelmektedir[136]. Varlık vergisi ile sözleşme yapma serbestisi, özel mülkiyet ve piyasaların işlevselliğine ilişkin takdir yetkisi komisyonların elindeydi ki bu konuda işlerliği devam eden piyasalarda dönemin koşulları ve bürokrat hataları nedeniyle piyasanın bahsi geçen unsurlarının bu olaydan zarar gördüğü açıktır. Piyasanın girişimci unsuru ise ekonomik canlanma açısından önemlidir. Çünkü serbest piyasa

---

[133] Adam Smith, (2013), *Milletlerin Zenginliği*, Haldun D. (Çev.), VII. Basım, Türkiye İş Bankası Kültür Yayınları, İstanbul: s. 5.

[134] Halil Dirimtekin, (1976), *Mikroiktisat*, Eskişehir İktisadi ve Ticari İlimler Akademisi Basımevi, Eskişehir: s. 57.

[135] *Ibid.*, s. 57.

[136] Şennur Sezgin, (2010), Piyasa Ekonomisinin Şartları ve Özelleştirme, *Akademik İncelemeler Dergisi*, Cilt: 5, Sayı: 2, s. 161.

ekonomisinde işletmecilik ve işletmeciliğe ilişkin yatırım faaliyetin tamamen girişimcinin elinde olur ve girişimci yatırım hareketlerini piyasanın durumuna göre genişletir veya daraltır; ürettiği mal ve hizmetlere talep fazla ise üretim faktörlerinden uygun gördüğünü genişletecek ve bu suretle üretim hacmini ayarlarken, aksi bir durumda üretim faktörlerinden birini veya birkaçını azaltarak üretim hacmini düşürecektir[137]. Dolayısıyla uzmanlaşmış girişimcilerin varlık vergisi ile tasfiyesinin, piyasanın görünmez eline dokunarak piyasaya ilişkin ayarlamaların bozulmasına neden olduğu öne sürülebilir.

Varlık vergisi neticesinde Rumların, Yahudilerin ve Ermenilerin sahip olduğu varlıkların Müslüman-Türk burjuvazisine geçmesi ise demokrasi yönünden ele alınabilir.

Şekil 1. Ekonomik Büyüme ve Demokrasi

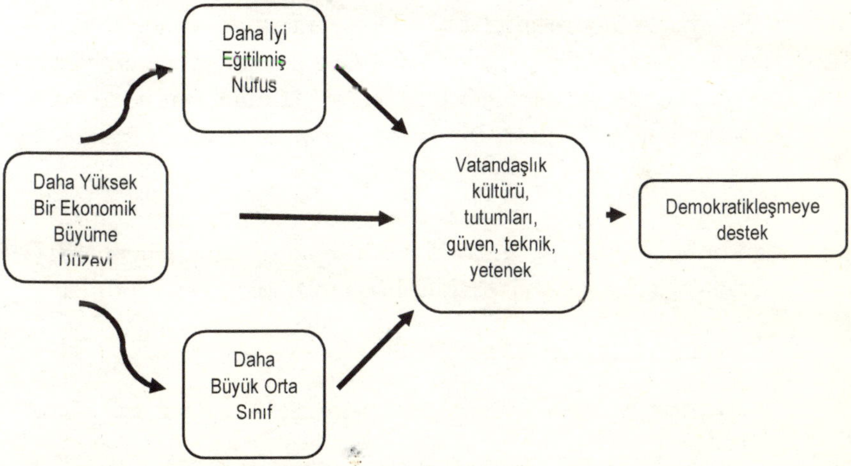

Kaynak: Barış ve Erdoğmuş, 2018: 90.

---

137 Orhan Oğuz, (1968), *Genel İktisat Teorisi Dersleri,* Sevinç Matbaası, Ankara: s. 32.

Şekil 3.1 varlık vergisi için tersten okunduğu takdirde şöyle bir öngörüde bulunmak mümkündür: Varlık vergisi kanununun yayınlanmasıyla demokratik destek azalmış, varlıkların el değiştirmesiyle vatandaşlık kültürü, tutumlar, güven, teknik, yetenek azalmış, burjuvazinin el değiştirmesiyle uzmanlaşma azalmış ve dolayısıyla eğitilmiş nüfusta azalma görülmüş, orta sınıf daha da küçülmüş ve ekonomik daralma yaşanmıştır.

Kelime manası şişkinlik olan enflasyon tedavülde kullanılan araçların o ülke piyasasının ihtiyacından fazla artması ve artışa devam etmesi sonucunda paranın değerinin azalması ve bu nedenle fiyatlarda artma şeklinde nitelendirmek mümkündür[138]. Varlık vergisi ile bütçe açığı telafi edilemeyince para basmaya karar veren hükümetin enflasyon sonucuyla karşılaşması çok da şaşırtıcı değildir. Çünkü tedavüle konu olan mal ve hizmet hacmi para basılmasının etkisiyle artan para hacminden daha düşük bir oranda seyrederse enflasyon sonucu ortaya çıkar[139]. Ekonomik ve teknik yönden kaynaklar ve ihtiyaçlar arasındaki ilişkinin anlamlı bir biçimde kurulmasını ifade eden ekonomik etkinlik de[140] böylelikle varlık vergisiyle de sağlanamamıştır.

Savaş ve savaş sonrası dönemlerin en popüler terimlerinden biri olan karaborsa, yasal bir düzeyin üstündeki fiyatlardaki yasadışı denge düzeyi oluşturan işlemler olarak adlandırılır[141].

---

138 Orhan Oğuz, (1966), *Genel İktisat Teorisi Dersleri,* Sulhi Garan Matbaası, İstanbul: s. 179.

139 Erol Zeytinoğlu, (1969), *İktisat Dersleri,* Kutulmuş Matbaası, İstanbul: s. 147.

140 Haluk Anıl, (1982), *Kamu Maliyesi ve Kaynak Kullanımında Etkinlik (Niteliksel Bir Yaklaşım),* Ankara İktisadi ve Ticari İlimler Akademisi Yayın No: 205, Maliye Fakültesi Yayın No: 5, Ankara: s. 60.

141 K. E. Boulding, (1947), A Note on the Theory of the Black Market, *The Canadian Journal of Economics and Political Science,* Vol: 13, No: 1, s. 115.

Karaborsa ticari eşya arzını karşılamak amacıyla ortaya çıkar[142]. Genellikle bazı bireyler yasadışı bir şekilde eksik talebi karşılamak için risk üstlenmeye isteklidirler[143]. Örneğin bir çok ülke yasaklamasına rağmen, bilet karaborsası en popüler spor maçları ve konserlerde ortaya çıkmaktadır[144]. Nitekim Türkiye'de de varlık vergisi krizinin çıktığı dönemlerde karaborsa süreci yaşanmıştır.

Gaz yağı, ekmek, yağ, şeker gibi temel ihtiyaç mallarını halka karneyle veren hükümet, üretilen malları da ikinci dünya savaşı öncesi stok ediyordu ki bu dönemde askerlik yapmayan Rum, Yahudi ve Ermeni tüccarlar ülke içerisinde karaborsacılık yapmak suretiyle daha da zenginleşmişler ve bu durum karaborsacılığın önüne geçilemez bir durum ortaya çıkarmış olup, büyük bir kıtlık yaşanmış ve fiyatlar yükselişe geçmiştir[145].

---

142 William J. Baumol and Alan S. Blinder, (2006), *Economics- Principles and Policy,* Thomson South Western, China: p. 69.

143 *Ibid.*, s.69.

144 *Ibid.*

145 Mehmet Işık, (2016), *Osmanlı Devleti'nden Türkiye Cumhuriyeti'ne Türkiye'nin Derin Tarihi,* 6. Baskı, Yediveren Yayınları, İstanbul: s. 62.

Tablo 1. 1938-1943 Yılları Arasında Ortalama Fiyatlar ve Artış Oranları

Madde Adı	1938 (kuruş)	1943 (kuruş)	Artış Oranı (%)
Ekmek (kg)	0.05	38.67	284.7
Et (kg)	42.52	198.54	366.9
Taze Sebze (kg)	7.51	29.96	298.9
Zeytinyağı (kg)	51.85	231.29	336
Şeker (kg)	28	338	1107
Peynir (kg)	48.78	155.42	218.6
Yumurta (adet)	1.71	7.94	364.3
Süt (kg)	14.79	51.25	236.5
Kömür (kg)	5.33	12.21	129.1
Odun (kg)	370.08	1316.66	255.7
Tuğla	1500	6000	300
Kereste	4000	20000	400
Kireç	35	399	1040
Kiremit (yerli)	4	300	1400
Çimento (yerli)	50	125	150
Demir	7	70	900

Kaynak: Özkan ve Temizer, 2009: 321.

Fiyat artışlarına bakıldığında varlık vergisinin uygulandığı dönemde;

- Çimento ve kömür fiyatları yaklaşık 1,5 katına,
- Peynir, süt ve odun fiyatları yaklaşık iki katına,
- Et, ekmek, taze sebze, zeytinyağı, yumurta ve tuğla fiyatları 3 katına,
- Kereste fiyatları 4 katına,
- Demir fiyatları 9 katına,
- Kireç ve şeker fiyatları yaklaşık 11 katına,
- Kiremit fiyatları da 14 katına çıkmıştır.

Bu hususlar neticesinde ortaya çıkan karaborsacılığı devlet önlemek istemişse de varlık vergisine tabi tutulan mükelleflerin sonrasında karaborsaya yönelmesi, önceki dönemlerde karaborsacılık yapanların yerini söz konusu mükelleflerin almasıyla varlık vergisi karaborsacılığı engelleyememiş; sadece aktörlerin birbiriyle yer değiştirmesine sebep olmuştur.

Bireyler arasında gelir ve servet farklılıklarını geçerli kılacak psikolojik ve sosyolojik ayrılıklar olduğu gerçeğinden hareketle, bu hususlara zarar vermeden gelir ve servet dağılımındaki aşırı farklar giderilebilir[146]. Nitekim güdümlü iktisat öğretisi devlete bütün ekonomik faaliyetlerde bir düzen temin etmesini ister ve güdümlü iktisat öğretisinde devlet çeşitli üretim seçenekleri arasında faydalı olduğuna karar verdiği, belirgin bir nispeti muhafaza edecek ve bunun için bazılarının gelişimini yavaşlatacak bazılarınınkini ise teşvik edecektir[147]. Devlet böylelikle genel bir kontrol mekanizması oluşturacak ve bu esnada ekonomik hayatın canlanmasında büyük bir etkisi olan kredi dağılımını denetleyecektir ve bundan dolayı devlet liberal anlayışla kolektif anlayış arasında iktisadi bir düzen oluşturabilecektir[148]. Kaldı ki devletler hukuku, devletlere milli servetlerin kazanımını işgal ve ilhak yolu ile sağlayabilmesi hususunda olanaklar tanımıştır[149]. İşte varlık vergisi de temelde böyle bir anlayışın ürünüdür.

Özel girişimcilerden oluşmuş bir ekonomide en önemli husus karlılık olup, girişimcinin en temel amacı da karını azamiye çıkarmaktır[150]. Bir diğer deyişle firma sahibi piyasa şartlarına göre üretimi genişletmek düşüncesinde ise kararını en karlı ih-

---

146 Vural Fuat Savaş, (1963), *Keynes'in Genel Teorisi,* Eskişehir İktisadi ve Ticari İlimler Akademisi Neşriyatı No: 21-1, Eskişehir: s. 173.

147 Henri Truchy, (1948), *Umumi Ekonomi,* Esat D. (Çev.), Cilt I, İkinci Basılış, İbrahim Horoz Basımevi, İstanbul: s. 72.

148 *Ibid.,* s.72.

149 Selahattin Tuncer, (1966), *Teoride ve Pratikte Servet Vergileri,* Sulhi Garan Matbaası, İstanbul: s. 23.

150 Sabri F. Ülgener, (1966), *Milli Gelir, İstihdam ve İktisadi Büyüme,* Düzeltilmiş İkinci Baskı, Sermet Matbaası, İstanbul: s. 234.

timale dayandırmak durumundadır[151]. Yatırım açısından ele alındığında söz konusu hususun anlamı üretim süreci esnasında sermaye mallarının teşekkülü için firmanın harcamalara girmesi ve bu harcamaların üretim süresi içinde çeşitli noktalarda nakdi hasılat olarak tahsil edilmesidir[152]. Bununla birlikte karlılık amacından söz edebilmek için önce güvenli bir iktisadi ve siyasi ortam gereklidir.

Yatırımcının yatırım yapmasında iki temel faktör üzerinde durulur[153]:

- Yatırım kararları stres gibi bazı çevresel faktörler ile tetiklenir ve bazı psikolojik güçler piyasa denge fiyatlarının belirlenmesinde önemli rol oynar,
- Yatırım kararlarına ilişkin hesaplamalar karmaşık olup, risk barındırır ve burada varsayılan husus da yatırımcının kendi duygularına daha yoğun güvenme isteğidir.

Nitekim varlık vergisi ile tüccar ve sanayiciye bir sefere mahsus olarak yüklenen sermaye vergisinin özel sektörü tereddüde sevk edecek yapıda olduğu[154] ele alındığında, yatırım kararının varlık vergisinin yatırımcı üzerinde yarattığı stres ve yatırımcının kendi hislerine güvenerek yatırımlarını yurt dışına yönlendirmesi rasyonel bir davranıştır.

Bu bağlamda genel olarak varlık vergisinin iktisadi anlamda başarılı olduğunu söylemek çok da mümkün değildir.

---

151 *Ibid.*, s. 234.

152 *Ibid.*, s. 234-235.

153 Hasan Ayaydın, (2014), *Sermaye Piyasalarının Hava Kirliliğine Reaksiyonu: Teorik Bir Perspektif*, Günaydın, İhsan ve Özsoy, Tufan (Ed.). Hiperlink Yayınları, İstanbul: s.3.

154 Mükerrem Hiç ve Erol Manisalı, (1980), *Sanayide Kaydedilen Gelişmeler*, Yaşa, Memduh (Ed.). Akbank Kültür Yayını, İstanbul: s. 187.

3.2.1.3. Mali Kapsamda Varlık Vergisi

Kamu kesiminin toplum için ürettiği görevleri ve ortak hizmetleri yerine getirmek için kanun ile topladığı gelirler kamu geliri olarak adlandırılır[155]. Söz konusu kamu gelirleri ise şunlardır:

- **Harç:** Bireylerin kamu hizmetlerinden sağladıkları özel bir fayda karşılığı olarak tahsil edilen paradır[156].
- **Şerefiye:** Kamusal bir hizmet olan bayındırlık hizmetinin belirli bir bölgedeki arazi veya bina sahiplerine özel ve ölçülebilir bir menfaat sağlanması karşılığında tahsil eden paralardır[157].
- **Resim:** Kamu hizmetinden yararlanma karşılığında fayda elde eden bireyin hizmet bedeli için ödediği değerdir[158].
- **Borçlanma Gelirleri:** Devletlerin kamu hizmetlerinin üretimi için ihtiyaç duyduğu giderleri özellikle olağanüstü giderleri karşılayamadıkları zamanlarda başvurduğu bir kamu geliridir[159].
- **Senyoraj:** Devletin para basmadaki gücünü kullanmak suretiyle elde ettiği reel gelirdir[160].
- **Mülk Gelirleri:** Devletin mevcut mallarının ya da o mallardan elde edilen ürünün satılması, kiralanması, faiz ve temettülerinin elde edilmesi biçiminde gerçekleşen gelirlerdir[161].

---

155 Mahfi Eğilmez, (2016), *Kamu Maliyesi*, Remzi Kitabevi, İstanbul: s.46.

156 İsmail Hakkı Ülkmen, (1960), *Mahalli İdareler Maliyesi Dersleri*, Ajans Türk Matbaası, Ankara: s. 125.

157 Fadıl H. Sur, (1946), *Maliye Dersleri*, Cilt II, Ankara: s. 13.

158 Asuman Altay, (2015), *Kamu Maliyesi*, Seçkin Yayıncılık, Ankara: s. 124.

159 Nihat Edizdoğan vd., (2011), *Kamu Maliyesi*, 3. Baskı, Ekin Basım Yayın Dağıtım, Bursa: s. 122.

160 İsa Sağbaş, (2011), *Vergi Teorisi*, Ece Matbaası, Ankara: s. 31.

- **Parafiskal Gelirler:** Emekli sandığı, sosyal sigortalar kurumu, Bağ-Kur, ticaret ve sanayi odaları, ziraat odaları, barolar kendi üyelerinden aidat alır veya kesinti yaparlar ki söz konusu aidat veya kesintiler parafiskal gelirleri oluşturur[162].

Devletin bu gelirler dışında ve kamu gelirleri içerisinde en büyük payı alan vergiler ise tanım olarak devletin egemenlik hakkında dayanarak ve gerektiğinde cebir kullanarak mükelleflerden mükelleflerin kamu harcamalarına iştirak hissesi olarak aldıkları kıymetler anlamına gelmektedir[163]. Verginin tanımından hareketle, varlık vergisi ile ilgili şunlar ifade edilebilir:

- Varlık vergisi devletin egemenlik hakkında dayanarak alınmıştır (Varlık Vergisi Kanunu 12. madde),
- Varlık vergisi cebren alınmıştır (Varlık Vergisi Kanunu 2., 3., 4. ve 5. maddeler),
- Varlık vergisi mükelleflerin harcamalara iştirakini zorunlu kılmıştır (Varlık Vergisi Kanunu 1. madde).

Bu bağlamda varlık vergisinin alınması, vergi tanımı uyarınca doğru bir yaklaşımdır. Bununla birlikte vergi dışındaki kamu gelirleri de devlet için bir gelir kaynağı niteliğindedir. Hem vergi gelirleri hem de vergi dışı gelirlerin açıklarını kapatmak için varlık vergisinin alınması ise sığ bir düşünce olarak ortaya çıkmaktadır. Ancak varlık vergisinin sadece vergi tanımından ve diğer kamu gelirleri ile kıyaslanması neticesinde yapılacak bir değerlendirme eksik ve dolayısıyla yanlış olacaktır.

---

161 Özhan Uluatam,(2012), *Kamu Maliyesi,* Yenilenmiş 12. Baskı, İmaj Yayınevi, Ankara: s. 497.

162 Akif Erginay, (2010), *Kamu Maliyesi,* Güncellenmiş 18. Baskı, Savaş Yayınevi, Ankara: s. 44.

163 Nihad S. Sayar, (1961), *Devlet Gelirleri- Vergi Prensipleri ve Sistemleri,* Sermet Matbaası, İstanbul: s. 81.

Bu eksikliği ve yanlışlığı gidermek adına varlık vergisinin vergileme ilkeleri bakımından da değerlendirilmesi gerekmektedir.

Vergileme ilkeleri, değişmez, başı belli olmayan veya sonsuzluğa erişmiş birer kural niteliğinde değildir[164]. Bununla birlikte vergileme ilkeleri genel olarak mali ilkeler, iktisadi ilkeler, adalet ilkesi[165] ve tarafsızlık ilkesi[166] olarak ele alınabilir

Vergilemenin mali ilkesi, belirli bir dönemde devletin kamu harcamalarını diğer kamu gelirleriyle karşılayamadığı ya da diğer kamu gelirleriyle karşılanmasının istenmediği oranda vergileme yoluyla karşılaması (yeterlilik) ve devletin mali ihtiyaçlarındaki değişimlere uygun bir şekilde değişim göstermek suretiyle kamu ihtiyaçlarının karşılanabilmesi (esneklik) anlamına gelmektedir[167]. Varlık vergisinin çıkarıldığı döneme bakıldığında, ikinci dünya savaşının olması ve devletin savaş sebebiyle acil bir gelir kaynağına ihtiyaç duyması ve dönemin ekonomik koşulları nedeniyle planlı bir şekilde mal ve hizmetleri dağıtmak durumunda olan devletin bu durumu sürdürülebilir kılması bakımından varlık vergisinin çıkarılması doğru bir yaklaşım olmuştur. Dolayısıyla varlık vergisinin, vergilemenin mali ilkelerine uygun bir vergi olduğu öne sürülebilir.

Vergilemenin iktisadi ilkesi, ekonomik bakımdan uygun olan vergi kaynaklarını seçmek ve milli ekonominin üretim ve bölüşüm koşullarıyla çeşitli mükellef grupları üzerinde yapacakları etkiler bakımından uygun vergi türünü seçmek anlamına

---

164 Fazıl Tekin, (1978), *Artanoranlılık ve Türk Gelir Vergisindeki Uygulaması*, Eskişehir İktisadi ve Ticari İlimler Akademisi Basımevi, Eskişehir: s. 6.

165 Halil Nadaroğlu, (1974), *Kamu Maliyesi Teorisi*, Sermet Matbaası, İstanbul: s. 363-380.

166 Emine Orhaner, (2007), *Kamu Maliyesi*, Siyasal Kitabevi, Ankara: s. 170.

167 Şerafettin Aksoy, (1991), *Kamu Maliyesi*, Filiz Kitabevi, İstanbul: s. 244.

gelmektedir[168]. Varlık vergisinde iktisadilik ilkesini sorgulayabilmek için ise varlık vergisinde tarhın nasıl yapıldığını ele almak gereklidir.

Ökte (t.y.) varlık vergisinin tarhıyla ilgili şunları ifade etmektedir[169]:

> "Estimatörler bürosunun membaları pek kısırdı. Yüzlerce, binlerce mükellef hakkında hiç malumat alınamamıştı. Estimatörler ne yapacaklarını şaşırmışlardı. Şube şeflerinden tebliğ memurlarına kadar bütün memurlara baş vuruyor, kendini belli etmeden ticarethanenin önünden geçiliyor, kazanç muamele beyannameleri tetkik olunuyor, eşten dosttan malumat sızdırılmaya çalışılıyordu. Hakikatte bu dalların hepsi çürüktü. Mesnedimiz hava idi. Estimatörlerin dayandıkları biricik zengin hazine kendi karihaları idi. Bir elde kurşun kalem, bir elde lastik, dudağında yaptığı işe inanmayanlara mahsus istihza ile karışık zehirli bir tebessüm, defterdarlığın loş bir odasına kapanan üç dört genç İstanbulun kalbur üstü mükelleflerine Varlık Vergisi tarh ediyordu!.. Takdire dayanan bir sermaye vergisinin ne feci şartlar içinde,ne kadar ezbere taayyün ettiğini anlamak için bu odadan bir dakika için geçmek kafi idi. Ara sıra konuşmalar oluyordu:
>
> - .... ne kadarlıktır?
> - 500.000
> - Ne biliyorsun?
> - Sen ne biliyorsun?
> - Ortalama bir rakama git...
>
> Bu çırpınmalar bir rakamda düğümleniyordu. Varlık Vergisi böyle tarh edilmiştir".

---

168 Orhan Dikmen, (1973), *Maliye Dersleri,* Gözden Geçirilmiş Kısaltılmış Dördüncü Baskı, Fakülteler Matbaası, İstanbul: s. 218.

169 Ökte: *op. cit.,* s. 75-76.

Gerçek kişi veya tüzel kişinin belirli bir para tutarının borçlusu durumuna gelmesi için bir idari işlemin yapılması gerekmektedir ki buna verginin tarhı denmektedir[170]. Ancak komisyondaki konuşmalardan da anlaşıldığı kadarıyla idari işlem belli bir kanuni çerçevede değil; tamamen verilen takdir yetkisinin kanunlarla bağdaşmayacak şekilde keyfi bir biçimde kullanıldığını göstermektedir. Nitekim dönemin koşulları dikkate alındığında ekonomik bakımdan uygun olan bir vergi milli ekonominin üretim ve bölüşüm koşulları dikkate alınarak yapılmamıştır. Bu husus da Varlık Vergisi'nin vergilemenin iktisadi ilkesiyle bağdaşmadığı gerçeğini ortaya koymaktadır.

Vergilemede adalet ilkesi ise ikiye ayrılır[171]:

- **Yatay Adalet:** Aynı mali güce (gelir, servet, harcama) sahip olanların aynı miktarda vergi ödemesi anlamına gelir.
- **Dikey Adalet:** Mali gücü farklı olanların farklı vergi ödemesi anlamına gelmektedir.

Mali güce ve dolayısıyla vergilemede adalet ilkesine ulaşmak için kullanılan araçlar ise en az geçim indirimi uygulaması, artan oranlı vergi tarifeleri, ayırma ilkesi ve muafiyet ve istisnalardır[172]:

- **En Az Geçim İndirimi:** En az geçim indirimi ile bir sınır belirlenir ve bu sınırı aşan mükelleflerin geçimlerini sağlayacak kadar gelirin vergi dışı tutulmasıdır[173].

---

170 Selahattin Tuncer, (1971), *Kamu Maliyesi,* Gözden Geçirilmiş 2. Baskı, Yakın Ofset Matbaası, İstanbul: s. 196.

171 Ömer Faruk Batırel, (1979), *Kamu Maliyesi Teorisine Giriş,* Genişletilmiş İkinci Baskı, met/er Matbaası, İstanbul: s. 118.

172 Abdurrahman Akdoğan, (2011), *Kamu Maliyesi,* Gözden Geçirilmiş ve Genişletilmiş 14. Baskı, Gazi Kitabevi, Ankara: s. 230.

173 Metin Erdem vd., (2012), *Kamu Maliyesi,* 10. Baskı, Ekin Basım Yayın Dağıtım, Bursa: s. 126.

- **Artanoranlılık:** Vergilemede yüksek matrahlara daha yüksek oranlar, uygulanmak suretiyle dikey eşitliğin sağlanması amaçlanır[174].
- **Ayırma İlkesi:** Emek gelirleri ile sermaye gelirlerinin farklı vergilendirilmesi ayırma ilkesi olarak tanımlanır[175].
- **Muafiyet ve İstisna Uygulaması:** Muafiyet ile verginin mükellefine; istisna ile verginin konusuna sınırlama getirilmesi anlamına gelmektedir[176].

Ökte(t.y.)'nin varlık vergisinde yaşadığı ilk hata söz konusu verginin adil bir vergi olup olmadığını açık bir şekilde ortaya koymaktadır[177]:

> "Daireye döndüğümde Şefler cetvelleri alıp şubelere götürmek üzereydiler. Henüz odama dönmüştüm ki saçı başı karmakarışık biri içeri daldı ve masanın önündeki sandalyaya yıkılarak "Defterdar! Defterdar! Ben size ne kötülük ettim de beni yıktınız" diye feryada başladı. Evvela aklından şüphe ettim. Sonra mes'ele anlaşıldı: Muhatabımın ismi Eşref Sami Ölçer'di. Üç beş kuruşluk sermaye ile mekteplere küçük teahhütlerde bulunurdu. Kendisine 15 bin lira vergi tarh edilmişti. Bu para sermayesinin üç beş misli idi. Bir kontrol memuru marifetiyle komisyondan çıkan ana nüshaya baktırdım. Hata yoktu. Nihayet teahhüt servisinin müsveddelerini getirttim. Her ihtimale binaen bütün servislerin müsveddelerini alıp saklattımdı. Müsveddeye bakınca tüylerim diken diken oldu. Müsveddedeki rakam bir sıfır noksaniyle 1500 lira idi. Derhal alakalı müfettişi buldurttum. Tarhiyata esas olan teahhüdün mikdarına

[174] *Ibid.*, s. 135.

[175] Erhan Gümüş, (2011), *Vergi Teorisi*, Karayılmazlar, Ekrem (Ed.). Lisans Yayıncılık, İstanbul: s. 196.

[176] *Ibid.*, s. 197.

[177] Ökte: *op. cit.*, s. 105.

> baktık: Hep 1500'ün ölçüsü... Rakam müsveddeden birinci cetvele nakledilirken bir sıfır hatası yapılmış, 1500, 15000 olmuştu. Eşref Sami Ölçer'in vergisini 1500 lira olarak tahsil ettirdim. Geri kalan kısım terkinlere kadar bekledi".

Burada dikkati çeken husus vergiyi hesaplarken hata yapıldığı aşikar olmasına rağmen ve sadece 1500 lira vergi tahsil edilmesine rağmen hatalı rakam olan 15000 lira verginin terkine kadar beklemesidir. Bu durum vergilemede adalet ilkesinin işlevselliğinin ne kadar az olduğunu göstermektedir. Zira mükellef hatadan sonra bile resmi olarak terkin dönemine kadar mali gücünün çok üstünde bir vergi ödeme yükümlülüğüne tabi tutulmuştur.

Yine Ökte (t.y.) varlık vergisinin tahakkuku ile ilgili bir örnek vermektedir[178]:

> "Komisyondaki azanın hemen hepsi koyu partili idi. İçlerinden Mithat nemli ile Nuri Dağdelenin büyük mükellefler hakkında müsbet bir fikri vardı. Bu iki aza bize gerçekten faydalı oluyorlardı. Ekseriya onların gözünden bakıyorduk. Biçan, T. Amca, Hamal, daha ziyade müfrittiler. Estimatörlerin rakamlarını daha ziyade yükseltiyorlardı. Muhtelif mükelleflerin varlığı hakkında fikir beyan ederken "Milyon, Milyon" deyen F. Hamala Kırdarın kızarak "Ferit Bey, Ferit Bey, insaf edin, insaf! Bu heriflerin hepsi mi milyoner? İçlerinde 900 bin liralık kimse yok mu?" diye bağırdığını şimdi dahi duyuyorum".

Varlık vergisinin tahakkuku ile ilgili olan bu örnekten de görüleceği üzere, vergilemede adalete ulaşmada kullanılan araçlar

178 *Ibid.*, s. 95.

en az geçim indirimi, artanoranlılık, muafiyet ve istisnalar veya ayırma ilkesi değil, komisyonların estimatörlerin tahminlerini herhangi bir standart olmaksızın azaltması veya arttırması gibi maliye bilimiyle ilgisi olmayan yollar olmuştur. Burada bir hususa dikkat çekmek gerekmektedir. Mali güce ulaşmada kullanılan araçlar Varlık Vergisi Kanunu'nda ifade edilmiştir. Söz gelimi dördüncü maddede muafiyetten bahsedilirken, ikinci maddede çeşitli zümreler mesleklerine yönelik bir ayrıma tabi tutulmuştur. Bununla birlikte dönemin defterdarı olan Faik Ökte'nin belirttiği konular uygulamada gerçekleşen konuları kapsamaktadır. Buradan da politika yapıcılar ile uygulayıcıların zihniyetleri arasında bir farklılık olduğuna işaret etmektedir.

Bir diğer vergileme ilkesi olan tarafsızlık ilkesinde, vergiler, vergilerin olmadığı bir duruma göre üretici ve tüketici tercihlerini en az ölçüde değiştirmek durumundadır[179].

Varlık vergisi nedeniyle ticaret ve sanayiye ilişkin iktisadi araçların el değiştirmesi ve vergiyi ödemeyenlerin tahsil amacıyla bedeni olarak çalıştırılması karşılığında Aşkale'ye gönderilmesi üretim ve tüketim tercihlerinin söz konusu vergi nedeniyle alt üst olduğunun bir göstergesidir. Dolayısıyla varlık vergisinin, vergilemenin tarafsızlık ilkesine uymadığı da açıktır.

Varlık vergisinin uygulandığı dönemde geçerli olan 1924 Anayasası'nın 69. maddesinde *"Türkler kanun karşısında eşittirler ve ayrıksız kanuna uymak ödevindedirler. Her türlü grup, sınıf, aile ve kişi ayrıcalıkları kaldırılmıştır ve yasaktır"* hükmü yer almaktadır. Genellik ilkesi olarak da adlandırılabilecek bu ilkeye göre, mali güce sahip olan herkesin din, dil, ırk, cinsiyet, sosyal sınıf farkı vb. sebeplerle kendi varlıklarından vergi ver-

179 Orhaner: *op. cit.*, s. 170.

mek zorundadır[180]. Bununla birlikte dönemin irat ve servet vergileri müdürü Mehmet İzmen'in teklifiyle mükellef cetvellerinde M (Müslümanlar), G (Gayrimüslimler), E (Ecnebiler) ve D (Dönmeler) diye bir ayrıma gidilmiştir[181] ki ecnebiler hariç diğerleri için yapılan ayrım bir Anayasa ihlalidir. Bununla birlikte söz konusu ayrım kanunda değil, uygulamacıların hesaplamalarında yapılmıştır. Ecnebiler içinse bir ayrıma gidilmesinin Anayasa'ya muhalefet olarak yorumlanması hukuki açıdan doğru bir yaklaşım olmayacaktır. Nitekim günümüzde bile bir kısım hürriyetlerin yabancılar bakımından farklı bir şekilde düzenlenmesi genel olarak kabul edilen bir yol olup, İnsan Hakları Evrensel Beyannamesi'nde de bu olanak açık bir şekilde tanınmıştır[182].

Vergilendirme ilkeleri servet vergilerinin geneli açısından şu şekilde bir değerlendirmeye tabi tutulur[183]:

- Matrah ve oranda aşırılığa kaçıldığı takdirde vergilemede adalet ilkesi ortadan kalkar,
- Genel olarak servet vergilerinin verimi düşüktür,
- Harp, buhran, enflasyon ve spekülasyon dönemlerinde aşırı kazançlar ortaya çıktığı için kamuoyu tarafından sempati ile karşılanırlar,
- Servet vergileri bazı durumlarda ekonomik büyümeyi önleyici bir etkiye sahip olup, kaynakların ve üretim araçlarının el değiştirmesine neden olmaktadır,
- Uygun olmayan bir ortamda alınan servet vergisi ciddi bir mukavemetle karşı karşıya kalabilir,

---

180 T. Koray Akman, (2011), *Kamu Maliyesine Giriş*, İlya Yayınevi, İzmir: s. 201.
181 Ökte: *op. cit.*, s. 48.
182 Osman Selim Kocahanoğlu, (1993), *Gerekçeli ve Açıklamalı Anayasa*, Temel Yayınları, İstanbul: s.51.
183 İlhan Özer, (1980), *Devlet Maliyesi*, Cilt I, Başbakanlık Basımevi, Ankara: s. 67.

- Servet vergileri enflasyonist ortamlarda verimli olabilmektedir.

Bu bağlamda varlık vergisi hakkında vergilendirme ilkeleri bakımından şu değerlendirmelerde bulunulabilir:

- Matrah ve oran tespitinde aşırılık nedeniyle adil değildir,
- Varlık vergisinden istenen verim sağlanamamıştır,
- Harp, buhran, enflasyon ve spekülasyonun yoğun olduğu bir dönemde alınmış olan varlık vergisi çok sert eleştirilere maruz kalsa da ciddi bir mukavemetle karşılaşmamıştır,
- Varlık vergisi kaynakların ve üretim araçlarının mülkiyetin el değiştirmesine neden olmuş ve bütçe açığının kapatılmasına yardımcı olamamıştır,
- Enflasyonist bir ortamda alınmasına rağmen verimli olamamıştır. Bunun nedeninin ikinci dünya savaşı ve söz konusu dönemde herhangi bir savaş tehdidine karşı Türk askerinin hazırlık olması gerektiği ve bu durumun da bir maliyet olarak ortaya çıkması ciddi bir gerekçe olarak ifade edilebilir.

Varlık vergisinin hukuki, iktisadi ve mali açıdan genel olarak eleştiriyi hak ettiğini söylemek yadsınamaz bir gerçektir. Nitekim çağdaş ve bilimsel yaklaşımlara aykırı olan birçok unsuru bünyesinde barındırmaktadır. Bununla birlikte varlık vergisinin bilimsel bir yaklaşımla incelenebilmesi için söz konusu verginin özüne inmek ve bu krizin görünmeyen ve görülmek istenmeyen taraflarının da irdelenmesi gerekmektedir.

3.2.2. Varlık Vergisi'nin Eidetik İndirgemesi ve Fenomenolojik Çözümlemesi

Osmanlı Devleti'nde 19. yy'da başlayan demokratikleşme hareketleri o ana değin toplumu reaya olarak gören bir devlet anlayışı bakımından devrim niteliğinde reformlar olarak kabul edilebilirdi. Nitekim artık devletin üst kademelerine sadece seçkin bir etnik kökenden insanlar değil etnik ve dini kökeni fark etmeksizin herkes gelebiliyordu. Bunun yanında iktisadi ve mali hayatta da farklılıklar ortaya çıkıyor ve daha önce alışılmamış olan bir özgürlük ortamı doğuyordu. Bununla birlikte bu özgürlük ortamı ve 1789 yılında çıkan Fransız ihtilalinin de etkisiyle azınlıklar Osmanlı Devleti'nde sürekli etnik kökenlerinin bağlı bulunduğu devletlerle iş birliği yapmalarının neticesinde isyana kalkışmışlar ve savaşlarla uğramak zorunda kalan Osmanlı Devleti'ni oldukça zor durumda bırakmışlardı. O kadar ki milletvekili seçilebilme hakkına sahip olmalarına rağmen bu durum aynı şekilde devam etmiştir. Kurtuluş savaşında da Yunanlıların Osmanlı Devleti tebaasına mensup Yunanlılarla işbirliği yapması bunun en tipik yansımasıdır. Türk Kurtuluş Savaşı'nın kazanılması neticesinde Lozan Anlaşması'nda azınlıklar konusu çözüme kavuşturulmuş ve 1924 Anayasası'nda da Türklük kavramı vatandaşlık bağı ile birleştirilmiş ve azınlıklar konusu çözüme kavuşturulmak istenmişti. Modern Türkiye Cumhuriyeti'nin inşasından sonra da Türkiye'nin çağdaşlaşma hamleleri ile birçok devletin dikkatini çekmiştir. Hatta Avrupa'da o dönem faşizm duygularının doruk noktalarına çıkması ve Avrupa'daki azınlıkların bu nedenle kaçmaları neticesinde sığındıkları ülkelerden biri de Türkiye olmuştur. Özellikle Alman faşizminden kaçan Yahudi vatandaşlardan nitelikli olanlar sayesinde Türkiye'de pek çok üniversitenin temeli atılmıştır. Bugünkü bilimsel gelişmelerin temeli bile hala o dönemlerde Türkiye'deki Yahudi bilim adamlarının başlatmış olduğu bilimsel gelişimlere bağlı olarak devam etmektedir. Bununla birlikte ikinci dünya savaşının patlak vermesi insanlar arasındaki sosyal dengeyi doğal olarak bozmuştur. Ancak burada belirtilmesi gereken husus şudur: Sadece azınlıklar değil; Türkler de bu dünya savaşının olumsuz etkilerinden payını düşeni almıştır. Ancak sürekli gündeme getirilen husus Türkiye'nin azınlıklara yaptığı iddia edilen ayrımcılık olmuştur. Türk tarihindeki demokratikleşme hareketlerine bakıldığında söz konusu hareketler toplumun tabanından yayılan istekler olmayıp, sürekli dış devletlerin dayatmasıyla yapılmıştır. Belki de bu hareketlerin başarıya ulaşamayıp, sürekli istismar edilmesinin altında yatan temel sebep de budur. Neticede hiçbir devlet kendisini azınlıklarla problem yaşamak gibi bir zor duruma sokmak istemez. Dolayısıyla ikinci dünya savaşının yaratmış olduğu koşulların iyi incelenmesi ile gerçek sorunun azınlık sorunu olmadığı; ortaya çıkan koşulların azınlık sorununu istismar edici bir boyuta ulaştığı görülecektir.

Modern savaş tüm iktisadi kaynakların harekete geçirilmesini, üretim araçlarına ve emeğe yer değiştirme üzerinde anında yerine getirilecek kararlar alınmasını ve bir savaş endüstrisinin geliştirilmesini gerektiren bir savaş olup, bilinen piyasa mekanizması bunları başarmada güçsüz kalır ve bunun sonucunda hem devlet kapitalizmi ortaya çıkar hem de askeri harcamalar nedeniyle devlet piyasanın temel alıcısı haline gelir ki ikinci dünya savaşı böyle bir savaştır[184]. Varlık vergisi de böyle bir olayın neticesinde meydana gelmiştir. Zira devletin temel alıcı olduğu bir ekonomide ortaya karaborsa çıkar ve bu karaborsanın neticesinde aşırı zenginleşme olayı ortaya çıkar.

İkinci dünya savaşı döneminde dünyanın çeşitli ülkelerinde varlık vergisi benzeri uygulamalar görülmüştür[185]:

- **Yunanistan:** Arızi olarak elde edilen servetlere yönelik vergi,

---

[184] Maurice Dobb, (1981), *Kapitalizm Sosyalizm Azgelişmiş Ülkeler ve İktisadi Kalkınma,* Mehmet S. (Çev.), SBF Basın ve Yayın Yüksek Okulu Basımevi, Ankara: s. 44.
[185] Pur: *op. cit.,* 327-337.

- **Almanya:** Harp kazançlarından vergi alınması ve şirketler vergisinin arttırılması,
- **Macaristan:** Envestisman yardımı,
- **Bulgaristan:** Yahudilerin servetleri üzerinden alınan vergi,
- **İsviçre:** Satış vergisi,
- **Amerika Birleşik Devletleri:** Fevkalade kazanç vergisi,
- **Hollanda:** Kazanç vergisi, şirket vergisi, servet vergisi,
- **İsviçre:** Tek vergi,
- **Fransa:** Tesanüt (dayanışma) vergisi,
- **İsviçre:** Harp masraflarının kapalı bir devre içinde karşılanması sistemi (ücretsiz mesai),
- **İngiltere:** Harp masraflarının karşılanması için kaynağında tevkif yoluyla vergi,
- **Amerika Birleşik Devletleri:** 1935 yılında yaklaşan savaş tehlikesi nedeniyle fevkalade kazanç vergisi.

Bu vergiler kapsamında harp koşulları sırasında varlık vergisi türünde vergilerin alınmasının olağan olduğu anlaşılacaktır. Nitekim savaş, ülkelerin harcamalarını arttırmaktadır.

Varlık vergisinin en çok gayrimüslimlerden alınmasının iki nedeni bulunmaktadır[186]:

- **Birinci Neden:** Medyada ortaya çıkan kamuoyu baskısı azımsanmayacak derecede kuvvetliydi,
- **İkinci Neden:** İstanbul ticaret kayıtlarına göre ticaretin yaklaşık % 87'si Rumların, Ermenilerin ve Yahudilerin elindeydi.

Kendisi de dönme bir aileden gelen Ahmet Emin Yalman bir yazısında *"Varlık Vergisi çok yerinde ve tamamiyle bir inkılap adımıdır. (...) İktisadi bakımdan mukadderata hakim kal-*

---

186 Kafaoğlu; *op. cit.*, s. 59.

mamıza imkan bırakmayanlar vardı... Yalnız nimet için vatandaş külfet için yabancı ve düşman olan bu unsurlardan memlekete hayır gelmez..." diyerek varlık vergisini savunmuştur[187]. Kamuoyu baskısına bir örnek oluşturan bu yazı aslında sorunun azınlık sorunu değil bir çıkar sorunu olduğunu göstermede önemli bir ispat niteliğindedir. Zira ticaret hayatının büyük bir kısmının gayrimüslimlerden oluşması, gayrimüslimlerin gelir, servet ve harcamalarının; yani mali güçlerinin olduğunu göstermektedir ki vergi de zaten mali güce göre alınmalıdır. Dolayısıyla varlık vergisindeki problem bir azınlık problemi değil; mali gücün azınlıklarda bulunmasından dolayı varlık vergisi mükelleflerinin çoğunun gayrimüslim olmalarıdır.

10 Nisan 1941 tarihinde ilan edilen seferberlik neticesinde daha önce askerlik yapıp yapmadıklarına bakılmaksızın Rum, Yahudi ve Ermeni 25-45 yaş arası erkekler askere alınmış ve 27 Temmuz 1942 tarihinde; yani Varlık Vergisi Kanunu çıkmadan önce terhis edilmişlerdir[188]. İkinci Dünya Savaşı nedeniyle askerlik çağına gelenlerin orduya çağrılması ve azınlık olanların varlık vergisi öncesi terhis edilmesi, askerlik görevine gidenlerin çoğunun azınlıklar dışındaki vatandaşlar olduğunu göstermektedir. Gayrimüslimler de ticaretin çoğunu ellerinde bulundurduğundan ve ordunun iaşesinin sağlanması da zaruri bir durum olduğundan varlık vergisinin haklı bir uygulama olduğunu söylemek yanlış olmayacaktır.

---

[187] *Ibid.*, s.58.

[188] Bilal Eryılmaz ve Mücahit Bektaş, (2017), Lozan Perspektifinden Türkiye'de Azınlık Politikaları (1923-2016), *Marmara Üniversitesi Siyasal Bilimler Dergisi*, Cilt: 5, Sayı: 2, s. 32.

Tablo 2. İkinci Dünya Savaşı Yıllarında Çeşitli Ülkelerde Öldürülen Yahudi Sayısı

Ülke	Toplam Nüfus	Öldürülen Yahudi Sayısı
Polonya	35.000.000	3.000.000
Sovyet Rusya	180.000.000	1.000.000
Romanya	20.000.000	489.000
Çekoslovakya	15.500.00	277.000
Almanya	69.000.000	180.000
Litvanya	2.500.000	141.000
Hollanda	9.000.000	104.000
Fransa	42.000.000	83.000
Letonya	2.000.000	80.000
Yunanistan	7.000.000	71.300
Avusturya	5.500.000	58.000
İtalya	44.000.000	8000
Norveç	3.000.000	700

Kaynak: Kayra, 2011: 232.

Tablo 3.2'ye bakıldığında, ikinci dünya savaşı yıllarında çeşitli ülkelerde öldürülen Yahudilerin sayıları 5 milyonu aştığı görülecektir. Bu ülkeler içinde Türkiye bulunmamaktadır. Bu da Türkiye'nin varlık vergisi ile ırkçı bir tutum takındığı iddiasını çürütmektedir. Kaldı ki öldürülen Yahudi sayılarına bakıldığında dünyadaki siyasi atmosferin çok kötü olduğu ve bununla ilgili çeşitli tedbirlerin alınması gerektiği sonucuna da ulaşılabilir. Varlık vergisinin de böyle bir gerekliliğin sonucu olduğunu söylemek mümkündür.

Gürbüz (2007) varlık vergisinin yaşandığı dönemle ilgili bir olayı şu şekilde anlatmaktadır[189]:

> "Varlık vergisinin yürürlüğe girmesinden birkaç yıl öncesi adını değiştirerek Semih Lütfü Erciyes şeklinde tescil ettiren ve kendi adını taşıyan yayınevinin de sahibi bulunan Levon Balamudyan Efendi, kendisine getirilen verginin çokluğundan şikayet ederek İstanbul Defterdarlığına müracaat eder. Bütün Servetini verse bile bu vergiyi karşılayamayacağını kaydeder. Malları haczedilir. Bu mallar arasındaki taşınmazlardan Ankara Caddesi'ndeki üç katlı binası da vardır. Oysa Levon Balamudyan bu vergiyi birkaç defa ödeyecek durumdadır. Satış günü kendi müstahdemi olan Doktor Kevork Turşucuyan Efendi'nin cebine gerekli parayı koyarak müzayede salonuna gönderir ve kendi malını satın aldırır. Bu durumu 1950'li yıllarda müessesesinde çalıştığım Kevork Turşucuyan'dan birkaç kere dinlemiştim. Halen sanırım hayatta olacaktır. Nitekim aynı durumdaki Babıali'nin başka kitapçı esnafı da aynı vaziyette mızıldanarak eşyalarını satışa çıkarmışlar ve yine kendi adamlarına aldırmışlardır".

Bu olay da göstermektedir ki problem azınlık problemi değil; azınlıklardaki çıkar problemidir.

Meriç (1951) dönemin İstanbul defterdarı Faik Ökte'ye yazdığı açık mektupta mağduriyet iddiaları ile ilgili şu ifadeleri kullanmıştır[190]:

> "Sen umuru devlet görmüş bir adamsın (görmez olaydın). Bu ikinci cihan harbi içinde İngilterede olan bitenlerden haberin yok mu? Bu millet ki ülkesinde güneş batmaz denirdi ve demokrasiyi tam manasiyle hazmet-

---

[189] Gürbüz: *op. cit.*, 98-99.
[190] Meriç: *op. cit.*, s.5-6.

> miş asil bir millet. O bile o badire içinde bütün vatandaşların yalnız nakitlerine değil emvaline bile el atmıştır. Fakat oradakilerin feryatlarını, şikayetlerini hiç duymadık. Ve sizin gibi duyurmıya yeltenen soysuzları da işitmedik. Sizin facia kurbanı dediğiniz zavallıların sesleri, feryatları ise Adalardan, Modalardan, Boğazlardan işitildi ve el'an da işitiyor ve bu sesler kulaklarımızın zarını zedeliyor. Bu zavallı fakrü zaruret içinde bulunan facia kahramanlarınıza acıyarak yardım etmek isteyen vatandaşlarımız Adaya, Modaya, Boğaza gidecek vapur parası bulamıyorlar. Hiç olmazsa lütfen onlara söyleyiniz de sefalet yuvaları olan güllük, gülistanlık bahçelerinden, radyolu, buz dolaplı kaşanelerinden biraz rahatsız olup İstanbula kadar insinler de kendilerine yapılacak yarımdan istifade etsinler. İşte, senin facia kurbanların (her dostun başına gelsin) Buralarda yaşıyorlar. Buralarda sefahat sürüyorlar. Anladınız mı, Faik Ökte?".

Ahmet Arif Meriç'in dönemin defterdarına yazdığı bu sözlerde varlık vergisi uygulanan kişilerin zengin olduğu; bununla birlikte halkın çoğunluğunun fakir olduğu anlaşılacaktır. Bunlara ek olarak, aynı tarz bir verginin İngiltere'de uygulandığı, ancak Türkiye'deki kadar eleştirilmediği de bir diğer gerçektir. Dolayısıyla varlık vergisi bir azınlık sorun değil; savaş nedeniyle mali gücü olan kişilerden alınan bir vergi olup, benzerler uygulamalar diğer ülkelerde makul bir şekilde karşılanmış ve varlık vergisi kadar eleştirilmemiştir.

Varlık vergisinin yaşayan tek tanığı ve dönemin maliye müfettişi olan Cahit Kayra 3 Mart 2011 tarihinde "Teke Tek" adlı programda varlık vergisi ile ilgili şu değerlendirmelerde bulunmuştur[191]

---

191 Habertürk, (4 Mart 2015), *Teke Tek- 3 Mart 2011,* (Video Dosyası). Erişim Adresi: https://www.youtube.com/watch?v=aaDHY9p4f34 (30.07.2018).

- Türkiye ekonomisinin kötü olması, ordudaki asker sayısının bir milyona ulaşması, hudutlardaki Sovyet, İngiliz ve Alman tehditleri nedeniyle varlık vergisi bir zaruret haline gelmişti,
- Varlık vergisinde hata yapılmıştır; ancak imtiyaz söz konusu değildir,
- Varlık vergisinde öncelikle mükelleflerin kazanç beyannamelerine bakıldı. Ancak sonrasında kimlerin zengin olduğuna bakılarak vergi miktarları tespit edildi,
- Vergi sadece gayrimüslimlerden değil Müslümanlardan da alınmıştır,
- İstanbul Ticaret Odası'na kayıtlı olan mükelleflerin % 13'ü Müslümandır ve geri kalanların mali güçleri Müslüman mükelleflere göre oldukça fazladır,
- Varlık vergisinde tahakkuka değil; tahsilata bakılmalıdır. Zira 415 milyon lira tahakkuk eden vergi olup, bunun 109 milyon lirası terkin edilmiştir. Müslümanlar vergilerini tamamen ödediler. Gayrimüslimlerden 130 milyon, ecnebilerden ise 30 milyon lira tahsil edilmiştir. Faik Ökte ise kitabında tahsilat rakamlarına yer vermemiştir,
- Aşkale'ye vergi yükümlülüğünü bedeni olarak ödemeye gönderilenlerden 11 kişi ölmüş, buna karşılık savaş tehlikesi nedeniyle hudutlarda bekleyen yaklaşık bir milyon askerden 57000'i ikinci dünya savaşına girmediğimiz halde ölmüştür,
- Varlık vergisi 1943 yılının Eylül ayında Amerika Birleşik Devletleri'nin araya girmesiyle son bulmuştur.

Tablo 3. Türkiye'de Gayrimüslim Nüfusun Dağılımı (1927-1955)

Dini Gruplar	1927	1935	1945	1955
Müslümanlar	13,269,936	15,838,763	18,497,801	23,804,048
Katolikler	39,511	21,950	21,950	21,784
Ortodokslar	109,905	125,046	103,839	86,655
Protestanlar	6,658	8,486	5,213	8,952
Gregoryenler	-	44,526	60,260	60,071
Yahudiler	81,872	78,730	76,965	45,995
Diğer Dinler	140,718	30,402	24,146	37,258
Gayrimüslimlerin Toplamı	378,664	309,140	292,373	260,715

Kaynak: Aktar, 1999: 20.

Aktar (1999) Türkiye'deki azınlık sayısının azalmasını ciddi bir erozyon olarak nitelendirmiş ve varlık vergisinin bir ayıp olduğunu vurgulamıştır[192]. Bununla birlikte özellikle varlık vergisi dönemlerinde Katolik sayısının aynı kalması, göç eden Ortodokslara rağmen Ortodoks sayısının yaklaşık 103 bin olması, Protestan sayısının 5 bin civarında olması Gregoryen (Hristiyan Ermeniler) sayısındaki artış, Yahudilerden yaklaşık 2 bin kişinin göç etmesine rağmen yaklaşık 76 bin kişinin hala o dönemde Türkiye'de yaşamasını nasıl izah etmek gereklidir? Bu bağlamda varlık vergisinin zorunlu olduğu ve bu zorunluluğun azınlıkların çoğu tarafından anlaşıldığı olarak da ifade edilmesi mümkündür. 1927 yılından 1935 yılına kadar olan dönemde azınlıkların sayısındaki azalmayı da azınlık karşıtı bir politika olarak göstermek de yanlıştır. Zira o dönemlerde dünyada büyük buhran olduğu gerçeği de göz ardı edilmemelidir. Dolayısıyla meseleyi ırkçı bir alana taşımak, konuya bilimsellikten uzak bir yaklaşım olacaktır. Kaldı ki ikinci dünya savaşının sürdüğü 1943

192 Aktar (1999): *op. cit.*, s. 19-20.

yılında çiftçilerin yetiştirdikleri ürünün % 10'unu ayni veya nakdi olarak alınmasını öngören Toprak Mahsulleri Vergisi Kanunu çıkarılmıştır[193]. Aynı zamanda söz konusu dönemden önce çıkarılmış ve ikinci dünya savaşında da yürürlükte olan Hayvanlar Vergisi Kanunu da hayvan sahiplerinin sahip oldukları küçük ve büyükbaş hayvanlar için belli bir miktar nakdi vergi tahsil edilmesini gerektiren bir vergiydi[194].

Fenomenoloji kesin olan husus ile kesin olma iddiası arasındaki eleştirel yaklaşımı ifade etmektedir. Varlık vergisinin iktisadi, mali ve hukuki yönlerine bakıldığında ortaya çıkan gerçek söz konusu verginin çağdaş mali, iktisadi ve hukuki kurallardan oldukça uzak olduğu yönündedir. Bununla birlikte böyle bir uygulamanın nasıl olur da bilimsellikten uzak kalmasına -üstelik bu kadar da uzman varken- göz yumulabilir? Bu sorunun cevabı için fenomenolojinin diğer yönünü yani kesin olma iddiasındaki hususların incelenmesi gerekmektedir.

Söz konusu hususlar incelendiğinde gayrimüslimlerin de, Müslümanların da vergi ödediği ve aynı yükümlülüklere tabi tutulduğu anlaşılacaktır. Üstelik tahsil edilen verginin yarısı Müslümanlara aittir. İkinci dünya savaşının da etkileri göz önünde bulundurulmalıdır. Zira savaş tehdidine karşı yaklaşık bir milyon kişinin hudutlarda bekletildiği de unutulmamalıdır. Hiç savaşa katılmadığı halde ordunun zayiatının yaklaşık 57 bin kişi olması gerçeği de söz konusudur. Aşkale'de sürgünde olan 11 kişi de çalışma kampında ölmüştür. Böyle bir durumda haklı-haksız ayrımı yapmak veya gayrimüslim-Müslüman ölümlerinin sayılarını karşılaştırmak ciddiyetsiz bir yaklaşım olacaktır. Neticede

---

193 Özer Özçelik, (2015), *Türk İktisat Tarihi*, Academia Yayınevi, Kütahya: s. 213.

194 Ali Rıza Gönüllü, (2015), Milli Mücadele ve Cumhuriyet Döneminde Hayvanlar Vergisi (1920-1962), *Selçuk Üniversitesi Türkiyat Araştırmaları Dergisi,* Yıl: 2015, Sayı: 38, s. 69.

her savaş dönemi beraberinde ciddi sorunları da getirmektedir. Kaldı ki Türkiye Cumhuriyeti yeni kurulmuştu ve Kurtuluş Savaşı'nda çok ciddi kayıplar vermişti. Buna ek olarak Türk tarihindeki demokratikleşme hareketlerinden pay almasına rağmen bir kısım azınlıkların sürekli Türkiye aleyhine faaliyetlere girişmiş olduğu da bilinen bir gerçektir. Türkiye'de Müslümanlar varlık vergisi tahsilatının yarısını öderken (ki bunlar ödenirken toprak mahsulleri vergisi ve hayvanlar vergisi de yürürlükteydi), bir kısım azınlıkların bir kısmının muvazaalı satışlar yoluyla servetlerini korumaya çalıştıkları da bir başka gerçektir. Nitekim savaş tehdidi altındaki bir ülkede böyle faaliyetler bir mağduriyet değil; bir fırsatçılık göstergesi olarak ortaya çıkmaktadır. Dolayısıyla varlık vergisi bilimsel uygulamada yanlışlıklar barındırmasına rağmen, devletin ve dolayısıyla milletin devamlılığını sağlaması için kati bir zorunluluktu.

DÖRDÜNCÜ BÖLÜM

SONUÇ

Varlık vergisi üzerinde çok tartışılan bir konudur. Bazı kimseler verginin gereksiz ve hatta ırkçı bir vergi olduğunu öne sürerken bazıları da bu verginin alınması gerektiği öne sürmektedir. Bununla birlikte her iki kesimin de haklı ve haksız olduğu bazı taraflar bulunmaktadır.

Varlık vergisinin haksızca alınmış bir vergi olduğunu öne sürenler, verginin tarh, tebliğ, tahakkuk ve tahsil aşamaları gibi mali yönlerine, azınlıkların refah düzeyindeki düşme nedeniyle iktisadi yönlerine ve nihayetinde çoğunlukla azınlıklara uygulanması nedeniyle siyasi yönlerine vurguda bulunmuşlardır.

Varlık vergisini savunanlar ise ikinci dünya savaşının koşullarını göz önünde tutarak verginin alınması gerektiği üzerinde durmuşlardır.

Varlık vergisinin vergi tekniğine, iktisadi ve hukuki hususlara uygun olmadığı zaten genel kabul gören bir durumdur. Bununla birlikte Türkiye Cumhuriyet'i kurulduktan sadece 16 yıl sonra çıkan bir savaş söz konusudur. Zaten olağanüstü durumlarda olağanüstü tedbirlere alınması da olağan bir durumdur. Zira çoğu ülkede benzer vergiler uygulanmıştır. Hatta İsviçre'de Yahudi vergisi adı altında bir vergi bile uygulamaya sokulmuştur. Ancak her nedense sürekli bir şekilde sadece Türkiye'nin bu vergiyi uyguladığı ve dolayısıyla Türkiye'nin ırkçı bir devlet olduğu yönünde kasıtlı veya kasıtsız bir algı oluşturulmaya çalışılmaktadır. Bununla birlikte Türk tarihinde Osmanlı Devleti'nden bu yana demokratikleşme hareketleri neticesinde azınlıkların bir kısmının elde ettikleri hakları devlet aleyhine kullanmaları ve söz konusu faaliyetlerin sürekli bir soykırım vb. kavramlarla adlandırılması bilimsel olmayan bir yaklaşımdır. Nitekim Türkiye hala Ermeni soykırımı dayatmasıyla karşı karşıyadır. Ancak kimse Ermeni teröristlerin Türk diplomatları öldürdüğünden bahsetmemektedir. Varlık vergisinde de benzer bir dayatma söz konusudur. Bununla birlikte verginin o dönemler için varlıklı olanlardan alınması -ki bu varlıklı kişilerin mali güçleri Müslüman gruba göre çok daha fazlaydı-, Müslümanların da bu vergiyi ödediği -üstelik tahsil edilen kısmın yaklaşık yarısını ödediği- hususu gözden bilerek veya bilmeyerek kaçırılmaktadır. Buna ek olarak yine bir kısım azınlıkların muvazaalı işlemler yoluyla vergiden kaçınmaya çalıştıkları da bir başka gerçektir. Varlık vergisini ödemeyen Müslüman bulunmamaktadır. Bununla birlikte ecnebi ve gayrimüslimlere tahakkuk ettirilen verginin yaklaşık % 25'i de terkin edilmiştir. Bu vergi gelirlerinin de gereksiz yerler için harcandığına dair ortada bir kanıt yoktur. Kaldı ki hiç savaşmadığımız halde birçok genç askerden dönemeden hudutlarda hayatını kaybetmiştir. Bütün bu gerçeklere rağmen hala varlık vergisinin ırkçı, azınlık karşıtı bir vergi olduğu söylemi gerçeği yansıtmayacaktır. Ayrıca iktidarda o dönem bulunan partinin Cumhuriyet Halk Partisi olması nedeniyle sırf politik rekabet uğruna ve varlık vergisi nedeniyle partiye ve dolayısıyla Türkiye Cumhuriyeti Devleti'nin faşist eğilimlerde bulunduğunu iddia etmek söz konusu söylemlerde bulunanlara sadece bir *"Pirus Zaferi"* kazandıracaktır. Çünkü dönemin maliyeti müfettişi ve varlık vergisinin hayatta olan son tanığı Cahit Kayra'nın da belirttiği gibi, varlık vergisi hatalı olmasına rağmen gereksinim duyulan bir zorunluluktu.

KAYNAKÇA

ACAR, Hasan (2014), "Fenomenolojik Yaklaşım Bağlamında Ortak Bilgi Stokları, Tipleştirme ve Ortak Kabuller Yoluyla PKK Terör Örgütünden Ayrılan Kadınlar Üzerine Bir İnceleme", **Kara Harp Okulu Savunma Bilimleri Enstitüsü Güvenlik Bilimleri Ana Bilim Dalı,** Ankara.

AIKIN,Scott F. (2006), "Pragmatism, Naturalism and Phenomenology", **Human Studies,** Vol: 29, No: 3, pp. 317-340.

AKALIN, Cüneyt (2005), "Varlık Vergisi'nde Yabancı Tanıklar", **Mülkiye Dergisi,** Cilt: 29, Sayı: 247, ss. 159-182.

AKAR, Rıdvan (1999), **Aşkale Yolcuları,** Doğan Kitap, İstanbul.

AKDOĞAN, Abdurrahman (2011), **Kamu Maliyesi,** Gözden Geçirilmiş ve Genişletilmiş 14. Baskı, Gazi Kitabevi, Ankara.

AKMAN, T. Koray (2011), **Kamu Maliyesine Giriş,** İlya Yayınevi, İzmir.

AKSOY, Şerafettin (1991), **Kamu Maliyesi,** Filiz Kitabevi, İstanbul.

AKTAR, Ayhan (1999), "İstanbul Tapu Kayıtlarının Analizi (26 Aralık 1942-30 Haziran 1943)", **Toplumsal Tarih,** Cilt: 12, Sayı: 69, ss. 10-21.

AKTAR, Ayhan (2012), **Varlık Vergisi ve Türkleştirme Politikaları,** 12. Baskı, İletişim Yayınları, İstanbul.

ALTAY, Asuman (2015), **Kamu Maliyesi,** Seçkin Yayıncılık, Ankara.

ANIL, Haluk (1982), **Kamu Maliyesi ve Kaynak Kullanımında Etkinlik (Niteliksel Bir Yaklaşım),** Ankara İktisadi ve Ticari İlimler Akademisi Yayın No: 205, Maliye Fakültesi Yayın No: 5, Ankara.

AŞAR, Haluk (2014), "Heidegger ve Sartre Felsefesinde Kaygı ve Bulantı Kavramlarının Analizi", **Felsefe ve Sosyal Bilimler Dergisi,** Cilt: 2014 Bahar, Sayı: 17, ss. 85-99.

ATA, Ferudun (2014), "Varlık Vergisinin Amerikan Kamuoyuna Yansıması (New York Times Gazetesi Örneğine Göre)", **Tarihin Peşinde-Uluslararası Tarih ve Sosyal Araştırmalar Dergisi,** Yıl: 2014, Sayı: 11, ss. 63-78.

AYAYDIN, Hasan (2014), "Sermaye Piyasalarının Hava Kirliliğine Reaksiyonu: Teorik Bir Perspektif", **Disiplinler Arası Bakış Açısı ile Çevre,** İhsan, GÜNAYDIN ve Tufan, ÖZSOY, (Ed.). Hiperlink Yayınları, İstanbul, ss. 1-20.

AYDIN, Mesut (2006), "Anayasa Mahkemesi Kararlarında Hak Arama Özgürlüğü", **Ankara Üniversitesi SBF Dergisi,** Cilt: 61, Sayı: 3, ss. 1-37.

AYDOĞDU, Hüseyin (2010), "Maurice Merleau-Ponty'nin Fenomenolojik Ontolojisi", Yayınlanmamış Doktora Tezi, **Atatürk Üniversitesi Sosyal Bilimler Enstitüsü Felsefe Anabilim Dalı,** Erzurum.

BAHÇE, Abdullah Burhan (2017), **Vergi Tarihinin Kökenleri: Sümer'den Mısır'a, Yunan'dan Roma'ya Antik Çağda Vergilendirme Kabiliyeti ve Etkinliği,** Gazi Kitabevi, Ankara.

BAKKAL, Ufuk (2003), "Varlık Vergisi Kanunu'nun Maliye Teorisindeki Vergilendirme İlkeleri Çerçevesinde Değerlendirilmesi", **Maliye Araştırma Merkezi Konferansları,** Cilt: 0, Sayı: 43-44, s. 96-111.

BALİ, Rıfat N. (1997), "Çok Partili Demokrasi Döneminde Varlık Vergisi Üzerine Tartışmalar", **Tarih ve Toplum,** Cilt: 28, Sayı: 165, ss. 47-59.

BALİ, Rıfat N. (2008), "Ahmet Hamdi Başar'ın Görüşleri- Varlık Vergisi ve Türkleşme Hakkında", **Toplumsal Tarih,** Cilt: Temmuz 2008, Sayı: 175, ss. 64-71.

BALİ, Rıfat N. (2012a), **Varlık Vergisi Hatıralar-Tanıklıklar,** Libra Kitap, İstanbul.

BALİ, Rıfat N. (2012b), **The Wealth Tax (Varlık Vergisi) Affair,** Libra Kitap, İstanbul.

BANKIR, Seldağ (2016), "Rakip ve Mahpus Romanlarında Ben ve Öteki İlişkisine Fenomenolojik Bir Bakış", **RumeliDE Dil ve Edebiyat Araştırmaları Dergisi,** Cilt: 2016.4 (Nisan), Sayı: Özel Sayı, ss. 11-17.

BAŞKAYA, Muzaffer (2017), "Varlık Vergisi ve Giresun'da Uygulaması", **Social Sciences Studies Journal,** Cilt: 3, Sayı: 8, ss. 1805-1814.

BATIREL, Ömer Faruk (1979), **Kamu Maliyesi Teorisine Giriş,** Genişletilmiş İkinci Baskı, mat/er Matbaası, İstanbul.

BAUMOL, William J. and BLINDER, Alan S. (2006), **Economics-Principles and Policy,** Thomson South-Western, China.

BERTOLDI, Eugene F. (1977), "Phenomenology of Phenomenology", **Canadian Journal of Philosophy,** Vol: 7, No: 2, pp. 239-253.

BOULDING, K.E. (1947), "A Note on the Theory of the Black Market", **The Canadian Journal of Economics and Political Science,** Vol: 13, No: 1, ss. 115-118.

BOURGEOIS, Patrick L. (1996), "Marleau-Ponty, Scientific Method, and Pragmatism", **The Journal of Speculative Philosophy,** Vol: 10, No: 2, pp. 120-127.

COŞAR, Nevin (2003), "Varlık Vergisi Konusundaki Yolsuzluk Söylentileri", **Ankara Üniversitesi SBF Dergisi,** Cilt: 59, Sayı: 2, ss. 1-27.

CROSSLEY, Nick (2004), "Phenomenology, Structuralism and History: Marleau-Ponty's Social Theory", **A Journal of Social and Political Theory,** Vol: April 2004, No: 103, pp. 88-121.

ÇAĞRI, Erhan (2013), "Türk Dış Politikası'nda (1938-2002) Dönemi", **Atatürk İlkeleri ve İnkılap Tarihi-II,** Cezmi, ERASLAN, (Ed.). Saray Matbaacılık, Ankara, ss. 172-205.

ÇINAR, Burak (2014), "İkinci Dünya Savaşı'nda Almanya'nın İki Cepheli Savaş Sorunu", **Güvenlik Stratejileri Dergisi,** Cilt: 10, Sayı: 20, ss. 149-197.

ÇEKİN, Abdülkadir (2012), "Din Eğitiminde Fenomenolojik Yaklaşım", **Journal of Religious Culture,** Cilt: 2012, Sayı: 166, ss. 1-7.

ÇETİNKAYA, Gürdal (2014), "İsmet İnönü ve İkinci Dünya Savaşı", Yayınlanmamış Yüksek Lisans Tezi, **Dokuz Eylül Üniversitesi Atatürk İlkeleri ve İnkılap Tarihi Enstitüsü,** İzmir.

ÇETİNOĞLU, Ali Sait (2009), **Varlık Vergisi 1942-1944,** Belge Yayınları, İstanbul.

ÇÜÇEN, A. Kadir (2006), "Heidegger ve Felsefe", **Felsefe ve Sosyal Bilimler Dergisi,** Cilt: 2016 Bahar, Sayı:1, ss. 7-23.

DEREKO, Ayhan (2011), "Marleau-Ponty'de Kartezyen Özne Eleştirisi ve Tensel Özne", Yayınlanmamış Doktora Tezi, **Ankara Üniversitesi Sosyal Bilimler Enstitüsü Felsefe Anabilim Dalı,** Ankara.

DİKMEN, Orhan (1973), **Maliye Dersleri,** Gözden Geçirilmiş Kısaltılmış Dördüncü Baskı, Fakülteler Matbaası, İstanbul.

DİRİMTEKİN, Halil (1976), **Mikroiktisat,** Eskişehir İktisadi ve Ticari İlimler Akademisi Basımevi, Ankara.

DOBB, Maurice (1981), **Kapitalizm Sosyalizm Azgelişmiş Ülkeler ve İktisadi Kalkınma,** Selik, Mehmet, (Çev.), SBF Basın ve Yayın Yüksek Okulu Basımevi, Ankara.

DOKUYAN, Sabit (2014), "Savaş Ekonomisi ve Varlık Vergisi Üzerine Bir Değerlendirme", **Eskişehir Osmangazi Üniversitesi Sosyal Bilimler Dergisi,** Cilt: 15, Sayı: 2, ss. 23-55.

DURSUN, Yaşar (2016), "Jean Paul Sartre Felsefesinde Ben'in Egzistansiyalitesi", Yayınlanmamış Yüksek Lisans Tezi, **Erciyes Üniversitesi Sosyal Bilimler Enstitüsü Felsefe Anabilim Dalı Felsefe Bilim Dalı,** Kayseri.

EDİZDOĞAN, Nihat, ÇETİNKAYA, Özhan ve GÜMÜŞ, Erhan (2011), **Kamu Maliyesi,** 3. Baskı, Ekin Basım Yayın Dağıtım, Bursa.

EĞİLMEZ, Mahfi (2016), **Kamu Maliyesi,** Remzi Kitabevi, İstanbul.

EMİROĞLU, Hüseyin (2007), "İkinci Dünya Savaşı'na Giden Süreçte Küresel ve Bölgesel Aktör- Devlet Davranışlarının Çözümlenmesi", **Abant İzzet Baysal Üniversitesi Sosyal Bilimler Enstitüsü Dergisi,** Cilt: 2007-1, Sayı: 14, ss. 63-89.

ERBAŞ, Hayriye (1992), "Sosyolojide Fenomenoloji", **Araştırma Ankara Üniversitesi Dil ve Tarih-Coğrafya Fakültesi Felsefe Bölümü Dergisi,** Cilt: 14, Sayı: 0, ss. 159-166.

ERDEM, Metin, ŞENYÜZ, Doğan ve TATLIOĞLU, İsmail (2012), **Kamu Maliyesi,** 10. Baskı, Ekin Basım Yayın Dağıtım, Bursa.

ERGİNAY, Akif (2010), **Kamu Maliyesi,** Güncellenmiş 18. Baskı, Savaş Yayınevi, Ankara.

ERYILMAZ, Bilal ve BEKTAŞ, Mücahit (2017), "Lozan Perspektifinden Türkiye'de Azınlık Politikaları (1923-2016)", **Marmara Üniversitesi Siyasal Bilimler Dergisi,** Cilt: 5, Sayı: 2, ss. 25-50.

GERÇEK, Adnan (2011), **Kamu Alacaklarının Takip ve Tahsil Hukuku,** 2. Baskı, Ekin Basım Yayın Dağıtım, Bursa.

GİRAY, Filiz (2010), **Maliye Tarihi,** Gözden Geçirilmiş 3. Baskı, Ezgi Kitabevi, Bursa.

GÖKBUNAR, Ramazan, ÇANDIR, Muzaffer, ARSLAN, Ahmet ve ÖZCAN MASTAR, Pelin (2016), "Varlık Vergisinin Türk Romanında Yansıması", **Bilig,** Cilt: Yaz 2016, Sayı: 78, ss. 231-249.

GÖNÜLLÜ, Ali Rıza (2015), "Milli Mücadele ve Cumhuriyet Döneminde Hayvanlar Vergisi (1920-162)", **Selçuk Üniversitesi Türkiyat Araştırmaları Dergisi,** Yıl: 2015, Sayı: 38, ss. 69-102.

GÜLENÇ, Kurtul (2014), "Edmund Husserl'de "Başkasının Beni" Sorunu ve İntersubjektivite Kavramı", **Kilikya Felsefe Dergisi,** Yıl: 2014, Sayı: 1, ss. 19-39.

GÜMÜŞ, Erhan (2011), "Vergi Teorisi", **Kamu Maliyesi,** Ekrem, KARAYILMAZLAR, (Ed.). Lisans Yayıncılık, İstanbul, ss. 148-205.

GÜRBÜZ, Cazim (2007), **Edebiyatlaşan Vergiler,** Bilgeoğuz Yayıncılık, İstanbul.

HARBISON, Frederic (1966), *Müteşebbis Organizasyonun Ekonomik Kalkınmadaki Rolü,* Gürkan, Fahir, (Çev.), **İktisadi Kalkınma-Seçme Yazılar,** Metin Berk, Fikret Görün ve Selim İlkin (Der.). Güzel İstanbul Matbaası, Ankara.

HEINAMAA, Sara (1999), "Marleau-Ponty's Modification of Phenomenology: Cognition, Passion and Philosophy", **Synthese,** Vol: 118, No: 1, pp. 49-68.

HİÇ, Mükerrem ve MANİSALI, Erol (1980), "Sanayide Kaydedilen Gelişmeler", **Cumhuriyet Dönemi Türkiye Ekonomisi-1923-1978,** Memduh, YAŞA, (Ed.). Akbank Kültür Yayını, İstanbul, ss. 177-266.

HUSSERL, Edmund (2003), **Fenomenoloji Üzerine Beş Ders,** Tepe, Harun, (Çev.), İkinci Basım, Bilim ve Sanat Yayınları, Ankara.

IHDE, Don and SELINGER, Evan (2004), "Merleau-Ponty and Epistomology Engines", **Human Studies,** Vol: 27, No: 4, pp. 361-376.

IŞIK, Mehmet (2016), **Osmanlı Devleti'nden Türkiye Cumhuriyeti'ne Türkiye'nin Derin Tarihi,** 6. Baskı, Yediveren Yayınları, İstanbul.

İNCİ, İbrahim (2012), "İkinci Dünya Savaşı Yıllarında Türkiye'de Varlık Vergisi Uygulaması", **Manisa Celal Bayar Üniversitesi Sosyal Bilimler Dergisi,** Cilt: 10, Sayı: 2, ss. 272-290.

KAFAOĞLU, A. Başer (2005), **Varlık Vergisi Gerçeği,** 2. Baskı, Kaynak Yayınları, İstanbul.

KARABIÇAK, Mevlüt (2000), "Türkiye'de Ekonomik İstikrarsızlığın Tarihsel Gelişim Süreci", **Süleyman Demirel Üniversitesi İktisadi ve İdari Bilimler Fakültesi,** Cilt: 5, Sayı: 2, ss. 49-65.

KARABULUT, Kerem (2005), "11 Teşrinisani 1942 Tarihli Varlık Vergisi'ne Bir Bakış", **Atatürk Üniversitesi Türkiyat Araştırmaları Dergisi,** Yıl: 2005, Sayı: 27, ss. 325-339.

KARLUK, Sadık Rıdvan (2013), "Temel Sektörlerde Gelişmeler II: Sanayi Sektörü", **Türkiye Ekonomisi,** Cezmi, Eraslan (Ed.). Saray Matbaacılık, Ankara, ss. 128-157.

KAYRA, Cahit (2013), **Savaş Türkiye Varlık Vergisi,** Genişletilmiş 4. Baskı, Tarihçi Kitabevi, İstanbul.

KIZILKAYA, Ahmet (2016), "Ekonomik ve Siyasi Boyutlarıyla Varlık Vergisi", **Emek ve Toplum,** Cilt: 5, Sayı: 5, ss. 84-95.

KOCAHANOĞLU, Osman Selim (1993), **Gerekçeli ve Açıklamalı Anayasa,** Temel Yayınları, İstanbul.

KONAK, Ceyhun (2012), "Çağdaş Sanat Bağlamında Fenomenolojik Gerçekliğe Bakış", Yayınlanmamış Sanatta Yeterlilik Tezi, **Mimar Sinan Güzel Sanatlar Üniversitesi Sosyal Bilimler Enstitüsü Heykel Anasanat Dalı Heykel Programı,** İstanbul.

KÖNİ, Hasan (1988), "II. Dünya Savaşı Öncesinde Türk Dış Politikası", **Ankara Üniversitesi Türk İnkılap Tarihi Enstitüsü Atatürk Yolu Dergisi,** Cilt: 1, Sayı: 1, ss. 43-63.

MENGÜŞOĞLU, Takiyettin (1945), "Fenomenoloji Felsefesi", **İstanbul Üniversitesi Felsefe Arkivi Dergisi,** Cilt:1, Sayı:1, ss. 47-74.

MERİÇ, Ahmet Arif (1951), **Varlık Vergisinin Satılmış Kahramanı Faik Ökte'ye Açık Mektup,** Raşit Bütün Matbaası, İstanbul.

MEYVACI, Hakkı Ilgar (2010), "Türk Vergicilik Tarihinde Olağanüstü Bir Vergi Uygulaması Örneği: Varlık Vergisi", Yayınlanmamış Yüksek Lisans Tezi, **Celal Bayar Üniversitesi Sosyal Bilimler Enstitüsü Maliye Anabilim Dalı Mali Hukuk Programı,** İstanbul.

NADAROĞLU, Halil (1974), **Kamu Maliyesi Teorisi,** Sermet Matbaası, İstanbul.

ODYSSEOS, Louiza (2002), "Radical Phenomenology, Ontology and International Political Theory", **Alternatives: Global, Local, Political,** Vol: 27, No: 3, pp. 373-405.

OĞUZ, Orhan (1966), **Genel İktisat Teorisi Dersleri,** Sulhi Garan Matbaası, İstanbul.

OĞUZ, Orhan (1968), **Genel İktisat Teorisi Dersleri,** Sevinç Matbaası, İstanbul.

ORHANER, Emine (2007), **Kamu Maliyesi,** Siyasal Kitabevi, Ankara.

ÖKTE, Faik (t.y.), **Varlık Vergisi Faciası,** Nebioğlu Yayınevi, İstanbul.

ÖKTEM, Ülker (2005), "Fenomenoloji ve Edmund Husserl'de Apaçıklık (Evidenz) Problemi", **Ankara Üniversitesi Dil ve Tarih-Coğrafya Fakültesi Dergisi,** Cilt: 45, Sayı: 1, ss. 27-55.

ÖZALP, Ahmet ve ERGEN, Recep (2017), "Husserl'in Fenomenolojisinde Sembolik Etkileşimciliğin Kökenleri ve Din", **İnsan ve Toplum Bilimleri Araştırmaları Dergisi,** Cilt: 6, Sayı: 1, ss. 204-212.

ÖZÇELİK, Mücahit (2010), "İkinci Dünya Savaşı'nda Türk Dış Politikası", **Erciyes Üniversitesi Sosyal Bilimler Enstitüsü Dergisi,** Cilt: 1, Sayı: 29, ss. 253-269.

ÖZÇELİK, Özer (2015), **Türk İktisat Tarihi,** Academia Yayınevi, Kütahya.

ÖZER, İlhan (1980), **Devlet Maliyesi,** Cilt I, Başbakanlık Basımevi, Ankara.

ÖZTÜRK, Esra Gülsüm (2016), "Jean Paul Sartre'ın Özgürlük Görüşü ve Yol Açtığı Antropolojik-Etik Sorunlar", Yayınlanmamış Doktora Tezi, **Maltepe Üniversitesi Sosyal Bilimler Enstitüsü Felsefe Anabilim Dalı,** İstanbul.

ÖZTÜRK, İbrahim Mert (2013), "İkinci Dünya Savaşı Türkiye'sinde Olağanüstü Ekonomik Kararlar: Milli Korunma Kanunu ve Varlık Vergisi", **Tarih Araştırmaları Dergisi,** Cilt: 32, Sayı: 54, ss. 167-182.

PUR, Hüseyin Perviz (2007), **Varlık Vergisi ve Azınlıklar,** Eren Yayıncılık, İstanbul.

SAĞBAŞ, İsa (2011), **Vergi Teorisi,** Ece Matbaası, Ankara.

SARAÇOĞLU, Fatih (2009), "1930-1939 Döneminde Vergi Politikası", **Maliye Dergisi,** Cilt: Temmuz-Aralık 2009, Sayı: 157, ss. 131-149.

SARAÇOĞLU, Fatih (2018), **Kamu Alacaklılarının Takip ve Tahsil Usulü ve Uygulaması,** Gazi Kitabevi, Ankara.

SARAÇOĞLU, Fatih ve ÇAKAR PÜRSÜNLERLİ, Elif (2016), **Vergi Hukuku,** Gazi Kitabevi, Ankara.

SAVAŞ, Vural (1971), **Türkiye Ekonomisi,** Sermet Matbaası, İstanbul.

SAVAŞ, Vural Fuat (1963), **Keynes'in Genel Teorisi,** Eskişehir İktisadi ve Ticari İlimler Akademisi Neşriyatu No: 21-1, Eskişehir.

SAVRUL KILINÇ, Burcu ve KILIÇ, Cüneyt (2011), "Eski Ekonomiden Yeni Ekonomiye Yaşanan Yapısal Dönüşümün Türkiye Ekonomisi Üzerindeki Etkileri", **İstanbul Üniversitesi Sosyal Bilimler Dergisi,** Yıl: 2011, Sayı: 2, ss. 26-38.

SAYAR, Nihad S. (1961), **Devlet Gelirleri-Vergi Prensipleri ve Sistemleri,** Sermet Matbaası, İstanbul.

SCHACHT, Richard (1972), "Husserlian and Heideggerian Phenomenology", **Philosophical Studies: An International Journal for Philosophy in the Analytic Tradition,** Vol: 23, No: 5, pp. 293 314.

SCHRAG, Calvin O. (2006), "Heidegger Felsefesinde Fenomenoloji, Varlıkbilim ve Tarih", Serdar, Şen, (Çev.), **Çağdaş Türkiye Tarihi Araştırmaları Dergisi,** Cilt: V, Sayı: 13, ss. 205-215.

SEEBURGER, Francis F. (1975), "Heidegger and Phenomenological Reduction", **Philosophy and Phenomenological Research,** Vol: 36, No: 2, pp. 212-221.

SEMBERA, Richard (2008), **Rephrasing Heidegger,** University of Ottowa Press, Canada.

SEZGİN, Şennur (2010), "Piyasa Ekonomisinin Şartları ve Özelleştirme", **Akademik İncelemeler Dergisi,** Cilt: 5, sayı: 2, ss. 154-171.

SILVERMAN, Huge J. (1980), "Phenomenology", **Social Research,** Vol: 47, No: 4, pp. 704-720.

SMITH, Adam (2013), **Milletlerin Zenginliği,** Derin, Haldun, (Çev.), Türkiye İş Bankası Kültür Yayınları, VII. Basım, İstanbul.

SUR, Fadıl H. (1946), **Maliye Dersleri,** Ankara.

ŞAN, Emre (2017), "Fenomenolojik Bir Sorun Olarak Kriz: Husserl ve Heidegger", **Felsefi Düşün Akademik Felsefe Dergisi,** Cilt: Nisan 2017, Sayı: 8, ss. 238-263.

TAŞKIN, Fahrettin (2013), "Varoluşçuluğun Fenomenolojiyle Temellendirilmesi Üzerine" Yayınlanmamış Yüksek Lisans Tezi, **Hacettepe Üniversitesi Sosyal Bilimler Enstitüsü Felsefe Anabilim Dalı,** Ankara.

TEKİN, Ahmet ve GÜMÜŞ, Öner (2014), "1982 Anayasası'nda Yer Alan Vergileme İlkelerinin Felsefi Temelleri", **Dumlupınar Üniversitesi Sosyal Bilimler Dergisi,** Cilt: Ocak 2014, Sayı: 39, ss. 243-258.

TEKİN, Fazıl (1978), **Artanoranlılık ve Türk Gelir Vergisindeki Uygulaması,** Eskişehir İktisadi ve Ticari İlimler Akademisi Basımevi, Eskişehir.

TOPAKKAYA, Arslan (2009), "E. Husserl'de Noema ve Noasis Kavramları", **Felsefe ve Sosyal Bilimler Dergisi,** Cilt: 2009 Bahar, Sayı: 7, ss. 121-136.

TRUCHY, Henri (1948), **Umumi Ekonomi,** Demirel, Esat (Çev.), İbrahim Horoz Basımevi, Cilt I, İkinci Basılış, İstanbul.

TUNCER, Güner (2015), "Türk Sinemasından Mali Sosyolojiye Yansımalar", **Marmara Üniversitesi İ.İ.B. Dergisi,** Cilt: XXXVII, Sayı: I, ss. 193-216.

TUNCER, Selahattin (1966), **Teoride ve Pratikte Servet Vergileri,** Sulhi Garan Matbaası, İstanbul.

TUNCER, Selahattin (1971), **Kamu Maliyesi,** Gözden Geçirilmiş 2. Baskı, Yakın Ofset Matbaası, İstanbul.

ULUATAM, Özhan (2012), **Kamu Maliyesi,** Yenilenmiş 12. Baskı, İmaj Yayınevi, Ankara.

ÜLGENER, Sabri F. (1966), **Milli Gelir, İstihdam ve İktisadi Büyüme,** Düzeltilmiş İkinci Baskı, Sermet Matbaası, İstanbul.

ÜLKMEN, İsmail Hakkı (1960), **Mahalli İdareler Maliyesi Dersleri,** Ajans Türk Matbaası, Ankara.

ÜNAL, Binali (2012), "**Varlık Vergisi (Aşkale Sürgünleri)**", Rezan Yayıncılık, İstanbul.

VARCAN, Nezih (1995), **Maliye Tarihi,** Birlik Ofset, Eskişehir.

YALÇIN, Osman (2012), "Varlık Vergisi Kanunu ve Uygulaması", **Avrasya İncelemeleri Dergisi,** Cilt: 1, Sayı: 1, ss. 313-354.

YAVUZ, Erdem (2015), "Varlık Vergisi Kanunu ve Toprak Mahsulleri Vergisi Kanunu Tartışmaları: Erzincan Uygulamaları", **Akademik Sosyal Araştırmalar Dergisi,** Cilt: Haziran 2015, Sayı: 12, ss. 161-180.

YENİ ASIR, **Varlık Vergisinden Sonra Verim Mücadelesi,** No: 11411, 17 İlk Kanun Periembe 1942.

YEŞİLYURT, Şahin (2016), "Varlık Vergisi Hakkında Bir Değerlendirme", **Uluslararası Yönetim İktisat ve İşletme Dergisi,** Cilt: 12, Sayı: 27, ss. 293-310.

YILDIZ, Muharrem ve MEÇİN, Mehmet Mekin (2012), "Din Fenomenolojisi ve Belli Başlı Ölçüleri", **EKEV Akademi Dergisi,** Yıl: 16, Sayı: 53, ss. 247-278.

YILDIZTAŞ, Belma (2010), "Jean Paul Sartre'da ve Albert Camus'da Özgürlük Kavramı", Yayınlanmamış Yüksek Lisans Tezi, **Maltepe Üniversitesi Sosyal Bilimler Enstitüsü Felsefe Anabilim Dalı,** İstanbul.

YÜCE, Mehmet (2004), "Avarız Vergisinin Muhteşem Dönüşü: Olağanüstü Vergiler", **Akademik Bakış,** Cilt: Temmuz 2004, Sayı: 3, ss. 1-19.

ZEYTİNOĞLU, Erol (1969), **İktisat Dersleri,** Kutulmuş Matbaası, İstanbul.

ELEKTRONİK KAYNAKLAR

HABERTÜRK, (4 Mart 2015), **Teke Tek- 3 Mart 2011,** (Video Dosyası). Erişim Adresi: https://www.youtube.com/watch?v=aaDHY9p4f34 (30.07.2018).

http://www.felsefe.gen.tr/edmund_husserl_kimdir.asp (04.11.2017).

http://www.felsefe.gen.tr/filozoflar/jean_paul_sartre_kimdir.asp (05.11.2017).

http://www.felsefe.gen.tr/martin_heidegger_kimdir.asp (04.11.2017).

http://www.filozof.net/Turkce/filozof-biyografi-m/19777-maurice-merleau-ponty-kimdir-hayati-eserleri-hakkinda-bilgi.html (05.11.2017).

https://plato.stanford.edu/entries/phenomenology/#Oth (04.11.2017).

https://phenomenology-carp.org/about/ (05.11.2017).

https://www.tbmm.gov.tr/tutanaklar/KANUNLAR_KARARLAR/kanuntbmmc024/kanuntbmmc024/kanuntbmmc02404305.pdf (26.07.2018).

KESKİN, Mesut (t.y.), "Husserl'in Fenomenolojisine Giriş", ss. 4-6, http://felesefet.home.uludag.edu.tr/kaygi/dergieski01/02.pdf (02.11.2017).